Anonymous

# Jahresbericht der Großherzoglich-Hessischen Handelskammer zu Worms

## für die Jahre 1867/68 und 1869

Anonymous

**Jahresbericht der Großherzoglich-Hessischen Handelskammer zu Worms**
*für die Jahre 1867/68 und 1869*

ISBN/EAN: 9783742875662

Hergestellt in Europa, USA, Kanada, Australien, Japan

Cover: Foto ©Suzi / pixelio.de

Manufactured and distributed by brebook publishing software
(www.brebook.com)

Anonymous

**Jahresbericht der Großherzoglich-Hessischen Handelskammer zu**

**Worms**

# Jahres-Bericht

der

## Großherzoglich Hessischen

# Handels-Kammer

zu

## Worms a/Rh.

für

## die Jahre 1867 und 1868.

———————

**Worms.**
Buchdruckerei von A. K. Boeninger.
1869.

# Vorbemerkungen.

In dem Jahre 1867 haben wir mit Genehmigung Großherzoglichen Ministeriums des Innern von der Erstattung eines besonderen Berichtes für dieses Jahr abgesehen, und uns mit einem kurzen Geschäftsbericht an den hiesigen Handelsstand begnügt. Wir wurden hierzu durch die Erfahrung veranlaßt, daß die Jahresberichte, namentlich kleinerer Plätze, bei dem Mangel an merkantilhistorisch wichtigen Daten, welche sich im Verlaufe eines Jahres vollziehen, leicht der Wiederholung und einem gewissen Schematismus verfallen, und wir halten es für zweckmäßig, von jetzt ab, ähnlich wie andere Handelskammern, nur alle zwei Jahre einen Jahresbericht zu erstatten.

Wir glauben kaum, daß der Zweck, welchen diese Berichte erreichen sollen, hierdurch beeinträchtigt werde. Denn, wenn es auch in vielen Fällen werthvoll sein mag, rasch ein Bild der commerciellen Verhältnisse einer besonderen Zeit zu erhalten, so ist gewiß für eine spätere Zeit, für welche der statistische Theil unseres Berichtes das Material zu einer Geschichte unserer Zeit und unseres Platzes liefern soll, das Datum der Veröffentlichung dieses Materials ohne Interesse. Und was den gutachtlichen Theil eines Berichtes anlangt, so ist zwar ein großer Einfluß desselben auf die Lösung schwebender Fragen gewiß wünschenswerth und auch in der That nicht zu verkennen, und in diesem Betracht mag ein zu spätes Erscheinen nicht zuträglich sein, aber wir wissen aus der Erfahrung, daß eine Handelskammer meist in die Lage kommt, oder sich immer in die Lage versetzen kann, ihre Ansichten über grade brennende Fragen zur richtigen Zeit an die richtige Adresse gelangen zu lassen, ehe dieselben in dem Jahresbericht zum Druck kommen, und es ist wiederum vorzugsweise der historische Werth derselben, welcher ihre Zusammenstellung und Veröffentlichung veranlaßt.

1 *

Wir wollen an dieser Stelle darauf hinweisen, daß bei
dem Mangel einer Centralstelle für Handel und Industrie in
unserm Lande eine jede Handelskammer genöthigt ist, in ihrem
Berichte dieselben Thatsachen von allgemeiner Tragweite zu
veröffentlichen wie die übrigen Handelskammern, während z. B.
in Württemberg diese Wiederholungen durch den allgemeinen
Bericht vermieden werden, welchen die dort existirende Centralstelle für das ganze Land erstattet.

# I. Gutachtlicher Theil.

Allgemeine
Lage.

Das Handels-Gewerb- und Verkehrswesen von Worms
in den Jahren 1867 und 1868, über welches wir hier zu berichten haben, zeigt auf der einen Seite die Nachtheile, welche
die politischen Ereignisse des vorhergehenden Jahres zur un-
mittelbaren Folge hatten, auf der anderen dagegen die Anfänge
einer vielversprechenden Entwickelung.

Es ist natürlich, daß mit jeder Aenderung, namentlich wenn
sie plötzlich und gewaltsam eintritt, gewisse Schädigungen ver-
bunden sind; eine Reaction bleibt bei keiner Bewegung aus,
am wenigsten bei einer politischen.

So kam es, daß der kurze und doch gewaltige Krieg des
Jahres 1866 und die daraus hervorgehende Neugestaltung
Deutschlands dem Handel und den Gewerben Wunden schlugen,
die heute noch nicht vernarbt sind. Unsere Nachbarn konnten
nicht ohne politische Beklemmungen das Entstehen einer activen
Großmacht vor ihrer Schwelle wahrnehmen. Ihr Gebahren
ließ die Frage, ob Krieg ob Frieden stets offen, und selbst ohne
greifbare Ursache ist eine gewisse Unbehaglichkeit nie von den
Gemüthern gewichen. Daß in solcher Lage Handel und Gewerbe nicht sonderlich gedeihen konnten, ist natürlich; die Unsicherheit jedes Calculs ließ keine weitgehenden Speculationen
zu, und Jeder arbeitete deshalb immer nur für den dringenden
Bedarf.

Dazu kam, daß durch die Mobilhaltung der Armeen eine große Zahl von tüchtigen Kräften der Arbeit permanent entzogen worden sind, wodurch die übrigbleibenden Arbeiter schwierig wurden und in manchen Branchen für das Verhältniß zwischen Arbeiter und Arbeitgeber eine bedenkliche Krise herbeigeführt wurde.

Im Laufe der Zeit, vielleicht nach schweren Kämpfen, wird eine andere Basis gefunden werden, auf welche sich dieses Verhältniß neu gründet; was wir aber für's erste auf's sehnlichste wünschen, ist, daß die politische Constellation es verstatten möge, die große Zahl von Arbeitskräften der Production zurückzugeben, die ihrer so sehr bedarf.

Wenn unser Platz im Ganzen in dieser Zeit kein erhebliches kleineres Geschäft als in ruhigen Jahren gemacht hat, im Einzelnen sogar vorgeschritten ist, so nehmen wir dies für ein erfreuliches Zeichen der Tüchtigkeit und Solidität desselben, und es bleibt nur zu bedauern, daß das Geschäft nicht denjenigen Aufschwung genommen hat, der ohne jene Störungen stattgefunden hätte.

Durch die neu abgeschlossenen Zollverträge ist die Fortexistenz des Zollvereins, die kurz vorher sehr in Frage gestellt war, gesichert. Das wirthschaftliche Band ist durch das Zollparlament ein nationales geworden, und das Bedürfniß nach Einigung, das in den Wirren der letzten Zeit sich stets geltend machte, wird keine Zollschranken mehr aufkommen lassen. *Zollverein.*

In den neu constituirten Verein sind die beiden Mecklenburg, die Elbherzogthümer, die Stadt Lübeck und die Landgebiete von Hamburg und Bremen eingetreten, und es umfaßt nunmehr derselbe alle nicht österreichischen deutschen Lande, mit Ausnahme der beiden Freistädte Hamburg und Bremen.

So erfreulich die Thatsache ist, daß der geographische Begriff Deutschland hier wenigstens eine größere wirthschaftliche Einheit aufweist, so wünschenswerth wäre der Eintritt unserer größten Seeplätze. Sie vermögen in ihrer abgetrennten Lage dem Binnenlande nicht das zu bieten, was ohne Zollgrenzen um dieselben möglich wäre.

Mögen deshalb solche Reformen im Zollverein eingeführt werden, welche die Bilanz des Für und Wider den Eintritt der Seestädte zu Gunsten des Für zu gestalten im Stande sind, die einfache Rechnung wird dann dem dauernden Vortheil gegenüber einer einmaligen Unbequemlichkeit den Vorzug geben.

**Zoll-parlament.** Als sichersten Bürgen für die glückliche Zukunft des Zollvereins sehen wir das Zollparlament an. In ihm hat das deutsche Volk ein Organ, durch welches es selbst über sein Geschick in wirthschaftlicher Beziehung entscheiden kann. Wir bedauern nur, daß besondere Rücksichten verhinderten, die ängstlich eingehaltene Competenz desselben auf eine Reihe von Gegenständen zu erweitern, welche ebensogut von Wichtigkeit für das ganze Zollvereinsgebiet sind wie die Zollgesetzgebung.

**Norddeutscher Bund.** Ein engeres Band für einen Theil unseres Vaterlandes ist durch den norddeutschen Bund geschaffen worden. Der Reichsrath und Reichstag desselben haben eine Reihe von Reformen in liberalem Sinne beschlossen, durch welche Deutschland erst eigentlich in die Reihe der frei wirthschaftenden Nationen eintritt.

Hierher sind zu rechnen: Die Entfernung des letzten Restes mittelalterlicher Institutionen durch Aufhebung der Wuchergesetze und der Schuldhaft und durch Einführung der Freizügigkeit, ferner die Regelung des Paßwesens, die Adoptirung des französischen Maß- und Gewichtsystems u. A. m. Der auswärtige Handel wird durch Consuln, hinter welchen eine Macht steht, geschützt, und die Schifffahrt durch eine Flagge, welche sich nöthigenfalls Geltung zu verschaffen weiß, gedeckt.

Diesen Errungenschaften gegenüber befinden wir uns in einer eigenthümlichen Lage; wir haben Theil an vielen derselben, obgleich sie nicht für uns und nicht durch uns in's Leben getreten sind. Denn, indem ein Theil unseres Landes der Jurisdiction des norddeutschen Bundes unterworfen ist, sind wir gezwungen, alle durchgreifenden Bestimmungen, welche eigentlich nur für diesen Theil verbindlich sein sollten, mit oder wider Willen auch für den übrigen Theil anzunehmen, wenn anders wir nicht verschiedene Gesetze in den verschiedenen Territorien unseres Landes haben wollen.

Daß ein solcher Zustand kein gesunder ist, wird Jedermann einleuchten, und wir können deshalb nur wünschen, daß es in nicht zu weiter Ferne möglich werde, denselben unter Berücksichtigung berechtigter Verhältnisse dahin abzuändern, daß wir mit dem gesammten Deutschland an einer Gesetzgebung, welche uns thatsächlich trifft, auch Theil nehmen werden und so die Vortheile derselben unverkürzt genießen können.

Wir haben in unserem vorigen Berichte die Nothwendigkeit eines obersten Gerichtshofes für Handelssachen betont und können nun anführen, daß die Errichtung eines solchen für den norddeutschen Bund beschlossen ist. *Oberster Gerichtshof für Handelssachen.*

Wir werden zwar indirect von der Thätigkeit desselben Nutzen ziehen, indem unsere Gerichte sich wohl die leitenden Grundsätze desselben aneignen werden, und wir werden so de facto seinem Rechtsgebiete angehören, aber es müßte dies auch do jure der Fall sein, wenn wir an der gewonnenen Rechtssicherheit unmittelbar und untrüglich Theil haben wollen. Wir hoffen sogar, daß der zu schaffende Gerichtshof eine oberste Instanz für das ganze Gebiet des allgemeinen deutschen Handelsgesetzbuches werde.

Die Aufhebung der Wuchergesetze und der Schuldhaft, für welche wir in unserem letzten Jahresberichte sprachen, ist durch Gesetz vom 4. bez. 7. August 1868 auch für unser Großherzogthum erfolgt. *Wuchergesetze und Schuldhaft.*

Die Frage des Bodenkredits ist in der letzten Zeit vielfach erörtert worden. Obgleich wir in Folge der allgemeinen Wohlhabenheit unseres Bezirks in der glücklichen Lage sind, daß weder ein Mangel an verfügbaren Kapitalien, noch eine starke Nachfrage nach denselben stattfindet, so wollen wir uns doch nicht verhehlen, daß durch die Vortheile, welche die Anlagen in zinstragenden Effecten gewähren, das Kapital mit der Zeit sich andere Wege suchen könnte, oder daß äußere ungünstige Verhältnisse (schlechte Weinjahre u. s. w.) den Boden- *Bodenkredit.*

besitz in die Lage bringen können, seinen Credit in stärkerem
Maße wie bisher in Anspruch zu nehmen, und es wäre für
diese Fälle sehr zu wünschen, daß unser Hypothekenwesen bei
Zeiten nach liberalen Grundsätzen umgestaltet werde.

Nach der bisherigen Organisation werden heute schon Cre-
ditsuchende, durch die großen Kosten und Umständlichkeiten des
Verfahrens, welches nicht einmal volle Sicherheit gewährt, nur
zu oft dem Wucher in die Arme getrieben, und es würde daher ein erleichtertes Verfahren auch jetzt schon gute Früchte
bringen.

**Patent-
wesen.** Das Patentwesen wird wohl nach dem Antrag des norddeutschen Bundeskanzlers vom 10. Dezember 1868 im Gebiete
des norddeutschen Bundes ganz aufhören. Die Motive, welche den
Antrag begründen, sind schon lange von uns als die einzig richtigen anerkannt worden (Jahresbericht für 1863 u. a.) und
wir hoffen, daß Norddeutschland unter den Großstaaten die
Initiative ergreifen werde, dieses sonderbare Institut zu be-
seitigen. Daß ein Patent in einem kleinen Staate wie dem
unseren nur dann einigen Werth für den Inhaber haben kann,
wenn es in den benachbarten größeren Staaten ebenfalls gegeben ist, wird wohl nicht zu bestreiten sein, und wir kommen
hier wiederum zu der Nothwendigkeit, mit unserer Gesetzgebung
der des norddeutschen Bundes zu folgen und das Patentwesen
ebenfalls abzuschaffen.

**Versicher-
ungswesen.** Das Versicherungswesen bildet allenthalben einen ständi-
gen Gegenstand der Klage. Wir hoffen, daß eine Aenderung
in der betreffenden Gesetzgebung, die in Aussicht steht, so aus-
fallen möge, daß bei entsprechender Sicherheit möglichste Freiheit gewährt werde.

**Maß- und
Gewicht-
system.** Das französische Maß- und Gewichtsystem ist endlich adop-
tirt; vom 1. Januar 1872 an werden wir nach Meter und
Kilo rechnen.

Damit ist eine Frage geschlossen, welche nur diese einzige
einfache Antwort zuließ, über welche aber so abweichende Ansichten geltend gemacht worden sind, daß eine spätere Zeit sich

über die Mannigfaltigkeit derselben wundern und darin ein
Zeichen für die Schwierigkeiten erblicken wird, welche jede neue
Idee überwinden muß.

Wir besitzen, Dank dem richtigen Blick unserer Regierung,
ein Maß- und Gewichtsystem, das zu dem französischen in einem
sehr einfachen Verhältnisse steht, so daß uns der bevorstehende
Uebergang leichter fallen wird als den Angehörigen aller übrigen betreffenden Staaten.

Eine andere Frage von nahezu gleicher Einfachheit steht
noch auf der Tagesordnung, die des Münzsystems. Sie ist
schwieriger zu beantworten, weil eine andere Schwesterfrage
dazu getreten ist, die der Währung. Münz-<br>system.

Wie auch die neue Weltmünze sich gestalten möge, ob 20
Franken oder 25 Franken, das eine müssen wir nur erwarten,
daß Deutschland genau dasselbe Münzsystem einführen werde,
das in dem romanischen Theil von Europa gilt oder gelten
wird. Eine germanische Münze halten wir dem gegenüber für
ebenso ungerechtfertigt, wie eine süddeutsche neben der norddeutschen.

In demselben Maße wie der Verkehr größere Ausdehnung
gewann, machte sich das Bedürfniß nach einer Münzeinheit für
größere Kreise geltend. Berlin ist heute Paris und New-York
näher, wie es vor 100 Jahren den preußischen Provinzen war,
die Nothwendigkeit einer totalen Münzgleichheit dieser Städte
ist also heute größer wie damals die einer Münzeinheit des
preußischen Staates.

Wir hier an der Grenze von Frankreich fühlen freilich
jetzt noch das Bedürfniß einer Münzgleichheit beider Länder
stärker wie die nördlichen und östlichen Theile von Deutschland,
aber wie lange wird es dauern, bis jene Länder durch die er-
leichterte Communication dieser Grenze ebenso nahe gerückt sind?
Jetzt eine neue Münze schaffen, und wenn sie auch zum Franken
in einfachem Verhältniß stünde, wie der österreichische Gulden
oder das Fünffrankenstück, würde einen Riß durch das wirth-
schaftende Europa ziehen, der später mit großen Opfern wieder
verheilt werden müßte.

Wir hoffen demnach, daß in den maßgebenden Kreisen alle andere Rücksichtnahme fallen gelassen werde, und daß eine einheitliche Münze, dem Werth, der Eintheilung und sogar der Form und Benennung nach für alle handeltreibende Staaten, vorzüglich aber die benachbarten, angenommen werde.

**Handels-verträge.** Der Zollvertrag mit Frankreich 1865 eröffnete eine Reihe von ähnlichen Verträgen mit Nachbarstaaten. Einmal der schutzzöllnerischen Handelspolitik den Rücken gekehrt, konnte man nicht stehen bleiben; die Consequenz der Thatsachen führte auf dem betretenen Wege weiter.

Die Nachtheile, welche nach der Ansicht allzuängstlicher Gemüther aus der Oeffnung des deutschen Marktes für fremde Güter erwachsen sollten, stellten sich nicht ein, die deutsche Industrie konnte im Ganzen die Concurrenz der auswärtigen aushalten, und im Gegentheil fand sie nun im Auslande ein erweitertes Absatzgebiet, das sie sich nach einigem Tasten und Fühlen zu Nutzen machte. Wir können wenigstens für unseren Platz nur einen günstigen Einfluß der Verträge constatiren.

Es wurden in rascher Folge Verträge mit Belgien, England und Italien geschlossen, und Unterhandlungen mit nahezu allen übrigen Staaten von Bedeutung geführt.

**a) mit Oester-reich.** Namentlich war es Wunsch, ja Bedürfniß, mit Oesterreich, das bisher so sehr zugeknöpft war, in intimeren Wechselverkehr zu treten.

Seitdem der Kaiserstaat politisch von uns geschieden, verlangte neben der Berechnung eine nationale Sympathie nach einem anderen Band, das uns mit demselben verknüpfe. Die Besserung der Geldverhältnisse in Oesterreich, die durch den massenhaften Export der Erträgnisse sehr günstiger Ernten herbeigeführt worden war, beseitigte ein natürliches Hinderniß wenigstens theilweise, das dem Verkehr bisher entgegen gestanden hatte, und machte den Wunsch reger, auch die künstlichen Hindernisse fallen zu sehen. Der Abschluß eines dahin zielenden Vertrages wurde bekanntlich durch die Forderung Oesterreichs den Weinzoll auf 2 Thaler herabzusetzen, verzögert; viele Stimmen auch aus

unserer Nähe sprachen sich gegen diese Zollermäßigung aus,
während andere, darunter auch wir in unserem vorigen Jahresberichte, dieselbe nicht zu fürchten erklärten. — Man reichte
sich die Hände, der Weinzoll wurde auf 2 Thaler 20 Sgr.
normirt, und der Vertrag am 9. März 1868 abgeschlossen.

Die Zollermäßigungen, welche Oesterreich verschiedenen
Waaren, wie Wollen-, Baumwollen-, Leinen-, Eisen-, Leder-
Waaren u. s. w. gewährt, sind zwar im Verhältniß zu den
früheren hohen Zollsätzen nicht unbedeutend, aber doch nicht
genügend den Zöllen den Charakter starker Schutzzölle zu nehmen,
und unsern Waaren den jenseitigen Markt in dem Maße zu
öffnen, wie es für beide Seiten wünschenswerth wäre. Oesterreich muß und wird, wenn ruhige Zeiten es ihm gestatten, mit
der Reduktion seiner Zölle fortfahren, damit es die Stelle in
dem europäischen Völkerconcerte einnehme, welche es nach der
freiheitlichen Entwicklung seiner inneren Verhältnisse für sich
beanspruchen kann.

Mit der Schweiz wurde ebenfalls lange verhandelt. Der
Abschluß eines Vertrages wurde durch die in letzter Stunde
erhobenen Forderungen in Bezug auf die inneren Abgaben des
Biers in der Schweiz verzögert, und die Alpenbahnfrage wurde
an die Zollfrage geknüpft. Nachdem aber unter dem Mißtrauen
des Auslandes diese Fragen eine günstige Lösung gefunden,
wurde der Vertrag, der den so nahe verwandten Staaten die
Rechte der Meistbegünstigten einräumte, unterzeichnet.

*b) mit der Schweiz*

Spanien huldigte bisher dem System des Schutzzolles und
ruinirte bekanntlich auf diese Weise seinen Handel und seine
Industrie. In der letzten Zeit hatte es dem Freihandel einige
Concessionen gemacht, indem es, wie wir in unserem letzten
Jahresberichte anführten, Frankreich gegenüber den Zollzuschlag
aufhob, den es bisher zum Schutze seiner Rhederei von allen
Waaren erhob, welche zu Land oder auf nicht spanischen Schiffen
eingingen. Jetzt können wir hinzufügen, daß durch den am
30. März 1868 abgeschlossenen Vertrag dem Zollverein diese
Vergünstigung ebenfalls zugestanden ist.

*c) mit Spanien.*

— 12 —

Der den Cortes vorgelegte Entwurf einer neuen Zollord-
nung kennt zwar keine direkten Einfuhrverbote mehr, aber die
hohen Zölle, die erst nach und nach ermäßigt werden sollen,
verbieten indirekt für die nächste Zeit die Einfuhr, oder erschweren dieselbe doch übermäßig. Es wäre ein radikales Vorgehen
von den gegenwärtigen Leitern des in der Umgestaltung be-
griffenen Landes sehr zu wünschen.

*d) mit dem Kirchenstaat.* Auch mit dem Kirchenstaate wurde ein Vertrag am 8. März
1868 abgeschlossen, wonach die Rechte der am meisten begün-
stigten Nationen gegenseitig zugestanden wurden.

*e) mit Nord-amerika und Rußland.* Endlich müssen wir auch hier, wie bei jeder Gelegenheit
unser Bedauern darüber aussprechen, daß der nordamerikanische
Markt durch den exorbitanten Schutzzoll unseren Waaren so
sehr erschwert ist, und der sonst so blühende Export auf ein
Minimum reducirt bleibt, und daß Rußland, das zwar einen
neuen Tarif mit einigen Erleichterungen einführte, doch noch
durch die Höhe seiner Zölle unsern Waaren verschlossen ist.

*Zollgesetz-gebung.* Unsere Zollgesetzgebung stammt aus den Jahren 1818 und
1828. Grundsätze, welche in einer Zeit maßgebend sein mochten,
in welcher die Waaren noch auf Lastwagen oder auf Schiffen
langsam durch Pferde fortgeschleppt wurden, und in welcher
der Staat noch vorzugsweise als Polizeimaschine betrachtet
wurde, können heute nicht mehr die richtigen sein, und die unter dem Einfluß dieser Grundsätze entworfenen Zollgesetzgebung
zeigte sich mehr und mehr unhaltbar.

Die Erleichterungen im Zollverfahren, welche vom 1. Juli
1868 ab in's Leben getreten sind, gehen zwar von anderen
Prinzipien aus; man wittert hinter jeder falschen Deklaration
nicht mehr den Versuch einer Defraudation, indem man gestattet sie nachträglich richtig zu stellen, man erhebt den Zoll nicht
mehr von der Waare, welcher die Grenze überschreitet, sondern
von derjenigen, welche in den freien Verkehr tritt, indem man die
Verluste, welche sie, ehe sie verzollt wird, durch Leckage, Ein-
trocknen u. s. w. erleidet, in Abzug bringt, und was der Zuge-

ständnisse mehr sind, aber man hat hierdurch nur das alte System durchlöchert, ohne ein neues an seine Stelle zu setzen.

Wir hoffen, daß die gesetzgebenden Factoren mit der Umgestaltung unserer gesammten Zollgesetzgebung nach Grundsätzen, welche unseren Verhältnissen entsprechen, fortfahren werden.

Es wurde die Frage aufgeworfen, ob nach der Schaffung des Zollparlaments der deutsche Handelstag noch fortexistiren solle oder nicht. In Erwägung, daß bei den Wahlen zum Parlamente wesentlich politische Gesichtspunkte eingehalten werden, indem bei dem fraglichen Candidaten meist nur die Parteifärbung und nicht die Tüchtigkeit desselben auf wirthschaftlichem Gebiete maßgebend ist, hielt man es für nützlich, daß neben dem Zollparlamente vorerst ein Körper bestehe, welcher aus Fachleuten gebildet, in Fachfragen ein competentes Urtheil habe, und die Interessen des handeltreibenden Theiles der Nation vertrete. *(Deutscher Handelstag.)*

Bei den oft widerstreitenden Interessen der verschiedenen Kreise dieser handeltreibenden Bevölkerung wird es oft schwierig, die nothwendige Einhelligkeit herzustellen.

Nur durch stricte Neutralität der allgemeinen Spitze des bleibenden Ausschusses, und dadurch, daß man die verschiedenen Auffassungen innerhalb des Handelstages Raum und Ausdruck finden läßt, oder endlich, daß man grundsätzlich von der Discussion aller solcher Fragen, in welcher die Meinungen weit auseinander gehen, ganz absieht, und nur solche behandelt, die spruchreif geworden sind, kann man das gedeihliche Fortbestehen dieses Institutes möglich machen.

Die Thätigkeit des bleibenden Ausschusses hat sich in der letzten Zeit einem Gegenstande zugewendet, dessen Tragweite erst mit der Einführung des neuen Maß-, Gewicht- und Münzsystems in die Augen springen wird. Mit einem Schlage werden vom 1. Januar 1872 an oder früher die meisten Werthnotirungen von Waaren, und von dem Augenblicke der Einführung einer neuen Münze an jeder Curszettel, auch für Wechsel und Effecten, umgeändert werden, und damit eine Reihe anhängender Handelsgebräuche. *(Handelsgebräuche.)*

Es handelt sich nun darum, einheitliche Formen für den ganzen deutschen Markt festzustellen, nach welchen auf die einfachste Weise, mit möglichst wenig Zahlen, dem practischen Bedürfnisse genügt werde. Damit wird der letzte Rest des Formelkrames fallen, mit welchem man einst jede kaufmännische Verrichtung glaubte erschweren zu müssen, damit der Mercantilwissenschaft nicht ein geheimnißvoller Nimbus fehle. Je mehr man die mechanischen Schwierigkeiten beseitigt, desto besser wird sich jede arbeitende Kraft verwerthen.

Wir wollen an dieser Stelle auf einen andern Punkt aufmerksam machen, der, aus früheren Zeiten uns überliefert, den Handel wenigstens in unserm Kreise sehr erschwert. Wir meinen die Scheu des Waarenempfängers, den Betrag der Factura beim Empfang der Waare auf sich ziehen zu lassen. Man sieht ganz ungerechtfertigter Weise in jeder Tratte einen Mangel an Vertrauen und Credit, indem man eine Schuld, die man ja anerkennt, durch das Accept unter das Wechselrecht stellen soll. Man bedenkt nicht, daß bei gleichen Zahlungsterminen des Käufers der Verkäufer durch Veräußerung der Tratte wieder zur Verfügung über sein Kapital gelangt, und dadurch befähigt wird, die Bedürfnisse der Käufer besser zu befriedigen.

Das Kapital, das dem deutschen Geschäfte zur Verfügung steht, ist im Ganzen gerechnet geringer wie dasjenige, welches in dem Handel von England, Holland u. s. w. fluctuirt, und es liegt nun durch den berührten Uebelstand sogar ein Theil dieses Kapitals noch brach, während es sich, wenn dieser Theil flüssig gemacht würde, nicht unbedeutend vermehren, in manchen Branchen verdoppeln und verdreifachen würde. Mit diesem erhöhten Kapitale würde dann der Umsatz in gleichem Maße steigen, und der Handel mit einer Intensität arbeiten können, um welche wir Denjenigen beneiden, welcher nicht unter diesen Vorurtheilen leidet.

Wir hoffen, daß sich die richtige Erkenntniß in den betreffenden Kreisen immer mehr Bahn brechen werde, und daß auch von anderen Seiten man sich bemühen werde, auf die Beseitigung dieses Mißstandes zu bringen.

Wir haben in unserem vorigen Jahresberichte mitgetheilt, daß wir eine Aenderung in dem Wahlmodus und der Zahl der Mitglieder der Handelskammern, insbesondere der unserigen, anstrebten. Wir können jetzt constatiren, daß die Legislatur in unserem Lande und in dem norddeutschen Bunde mit Reformen beschäftigt ist, und daß die Mitgliederzahl unserer Kammer nach einer Ministerialverfügung vom 13. Juni 1868 von 5 auf 7 erhöht worden ist. Handels-kammern

Die Großherzogliche Regierung hat den Ständen einen Gesetzentwurf vorgelegt, welcher die privatrechtliche Stellung der Genossenschaften regeln soll. Damit wird ein dringender Wunsch der Betheiligten in Erfüllung gehen, und diesem neuen Factor unseres wirthschaftlichen Lebens die Möglichkeit geboten, das zu erreichen, was er sich zum Ziele seines Strebens gesetzt hat, die Sicherstellung unseres Mittelstandes vor der drohenden Macht des Kapitals. Crebit-Genossen-schaften.

Namentlich wäre es bei der oben berührten Unzuträglichkeit unseres Hypothekenwesens sehr zu wünschen, wenn allgemein ländliche Credit-Genossenschaften gebildet würden. Dem Handwerker und Geschäftsmanne in der Stadt ist hinlänglich Gelegenheit geboten, seinen Credit auf leichte Weise zu benützen und die Uebertragung dieses Systems auf die ländlichen Verhältnisse kann nach den an einzelnen Orten gemachten Erfahrungen nicht schwierig sein.

# Verkehrs-Anstalten.

Durch den Friedensvertrag von 1866 ging das Postwesen im Großherzogthum Hessen in preußische Hände über. Dadurch haben wir direct an den Verbesserungen Theil, welchen die Bundesgesetze vom 2. und 4. November 1867 einführten und welche theilweise durch die Verträge mit den süddeutschen Staaten und Oesterreich auch auf diese Staaten ausgedehnt sind.

Die schon früher von Süddeutschland aus angestrebte Einführung eines einheitlichen Tarifs (3 kr.) für alle einfachen Briefe im ganzen Gebiete des Postvereins hat die Correspondenz auf größere Entfernungen hin sehr erleichtert, so daß die Erhöhung der Taxe für Briefe auf kleinere Entfernungen (von 2 auf 3 kr.) leicht verschmerzt werden kann.

Dagegen ist das Porto für Packet- und Werthsendungen bedeutend höher wie früher.

Das Institut der Postanweisungen ist auf das ganze Vereinsgebiet und sogar über dasselbe hinaus ausgedehnt worden, so daß das Verhältniß der Post zum Publikum einen andern Charakter angenommen. Die Post ist nicht mehr nur Transport- sondern auch ein Geldgeschäft.

Leider sind die Spesen für Anweisungen unter 25 Thlr. von 3 kr. auf 7 kr. erhöht, und es ist hierdurch die Anwendung dieses bequemen Mittels auf kleine Zahlungen nahezu unmöglich gemacht.

Das Porto nach einigen auswärtigen Staaten, besonders nach Nord-Amerika ist bedeutend herabgesetzt worden, und wir erblicken überall das Bestreben mit anderen Ländern ein Gleiches zu vereinbaren. Wir leben in einer Zeit der Verträge welche die gegenseitigen Beziehungen der verschiedenen Nationen zu ordnen bestimmt sind, und wir sehen dem Abschlusse der noch fehlenden mit Sicherheit entgegen. Namentlich hoffen wir, daß die Schwierigkeit, welche eine Portoermäßigung nach England deutscherseits gefunden hat, bald beseitigt werden möge, und daß das hohe Porto nach Frankreich eine Herabsetzung erfahre.

Der steigende Werth, welchen der Telegraph für den Ver-  Telegraph.
kehr gewinnt, läßt die Nothwendigkeit immer mehr hervortreten,
das Telegraphenwesen ebenso umzugestalten, wie es mit der
Post der Fall gewesen. Die beschlossene Einführung von Frei-
marken ist wohl als ein leiser Anfang zu betrachten.

Dieselben Gründe, welche für die Einführung eines einheitlichen Portosatzes bei der Post sprachen, haben auch auf
eine einzige Depeschengebühr Anwendung.

Namentlich sind es aber die Gebühren für externe Tele-
gramme, welche eine bedeutende Herabsetzung bedürfen. Der
telegraphische Verkehr von hier nach Bayern ist durch die Ueber-
nahme durch Preußen vertheuert worden, und es kosten Depeschen nach den Vereinsländern noch bis zu 24 Sgr. Aber
noch mehr fällt ein Mißverhältniß der Gebühren nach dem
Vereinsauslande auf. So beträgt der Satz nach der nahen
Schweiz 1 fl. 52 kr., während wir nach ganz Frankreich und
nach Dänemark nur 1 fl. 24 kr. bezahlen. Für unsere Grenz-
station ist die Erhöhung der Taxe für das Ueberschreiten der
Grenze so bedeutend, daß Häuser, welche regelmäßig brieflichen
Verkehr mit dem über der Grenze liegenden Mannheim unterhalten, erst von dort aus ihre telegraphische Correspondenz nach
den Vereinsländern und der Schweiz besorgen lassen.

Hoffen wir, daß das Telegraphenwesen sich derselben re-
formatorischen Thätigkeit der Staatsverwaltungen zu erfreuen
habe, wie des Postwesen, und daß namentlich die noch fehlenden Verträge mit dem Auslande sich an die vorhandenen
anreihen mögen.

Das Bedürfniß einer Weiterentwicklung unseres Eisen-  Eisenbahn.
bahnnetzes machte sich um so fühlbarer, als dieselbe seit langer
Zeit geradezu stille gestanden; denn der langsame Bau der
kleinen Strecke Worms-Alzey kann, so werthvoll er auch für
unsere Stadt war, doch füglich nicht in Betracht gezogen
werden.

Verschiedene Anträge durchkreuzten sich, und nach langen
Verhandlungen wurden endlich folgende neue Linien der Ludwigsbahn concessionirt, und sind nun im Bau begriffen, ja
theilweise schon vollendet:

2

1) Von Darmstadt über Gernsheim nach Worms (Riedbahn).
2) Von Mainz nach Alzey (Rhein-Donnersberg-Bahn).
3) Von Bingen nach Alzey (Rhein-Haardt-Bahn).
4) Von Monsheim nach der Landesgrenze in der Richtung nach Grünstadt (Rhein-Haardt-Bahn) und in der nach Marnheim (Pfrimmthal-Bahn).
5) Von Worms nach Bensheim (Rhein-Bergstraße-Bahn).
6) Von Darmstadt über Rheinheim und Höchst nach Erbach mit einer Abzweigung über Groß-Umstadt nach Babenhausen (Odenwald-Bahn).

Wie sehr unser Platz bei dieser Erweiterung in Betracht gezogen worden ist, so daß derselbe nunmehr nicht nur ein Centrum eines bedeutenden Kreises, sondern auch ein Knotenpunkt großer Linien geworden ist, ergibt sich aus Folgendem:

Durch die Riedbahn wird der Güterverkehr in der Richtung Pfalz-Würzburg, den die badische Odenwald-Bahn der Ludwigsbahn aus der Hand genommen hatte, seinen Weg wieder über Worms nehmen, um so mehr, wenn eine in Aussicht genommene stehende Brücke anstatt der provisorischen Trajekt-Anstalt den Uebergang über den Rhein vermitteln wird.

Sodann werden durch diese Bahn, sowie durch die Strecke Worms-Bensheim die volkreichen Orte des jenseitigen Ufers in directe Verbindung mit uns gesetzt, und wir geben uns der Hoffnung hin, daß das Detailgeschäft nach dieser Richtung und durch die letztere Bahn nach dem Odenwalde hin einen raschen Aufschwung nehmen werde. Worms ist dort beliebt, und war von dort stark besucht, ehe die Main-Neckar-Bahn den Verkehr nach Darmstadt bez. Mannheim und Heidelberg leitete.

Noch mehr gewinnt aber unser Platz durch die Anschlüsse an die Pfälzischen Bahnen von Monsheim aus ein reiches und bevölkertes Hinterland, dessen Werth wir schon ermessen können nach dem außerordentlich gesteigerten Verkehr, welchen diese Gegenden durch die fertige Strecke Worms-Alzey mit uns unterhalten. Durch die beschlossene Verbindung unseres Hafens mit dem Bahnhofe, wird der Versandt namentlich von

Frucht aus jenen Gegenden und der Transport von Kohlen u. s. w. nach denselben sehr erleichtert und deßhalb auf diesem Wege stattfinden.

Die Verbindung nach Frankreich wird durch diese Linie, und diejenige nach dem Niederrhein durch die Strecke Alzey-Bingen in nicht unerheblicher Weise abgekürzt.

Dieser außerordentlichen Vermehrung unserer Bahnen muß ein Neubau des unzureichenden Bahnhofes folgen. Wir hoffen daß derselbe baldigst in Angriff genommen werde, und daß dann das Interesse des reisenden Publikums besser berücksichtigt werde, als es bisher der Fall war.

Das Eisenbahnfrachtwesen ist in der letzten Zeit Gegenstand lebhafter Erörterung gewesen, nachdem die Unzulänglichkeit desselben immer schärfer, namentlich bei dem massenhaften Transport von Frucht aus Oesterreich zu Tage getreten ist.

Es fragt sich, ob die Verhältnisse selbst so viel zwingende Macht besitzen, um eine Besserung herbeizuführen, oder ob der Staat hier in den angeblichen Conflict der Interessen eingreifen und die Bahnverwaltungen zwingen soll, die nothwendigen Aenderungen vorzunehmen.

Auf der einen Seite zeigt die Erfahrung, daß ein starker Verkehr in der That einen besseren Betrieb erzeugt. Wir sind in der Lage, was die Frachtsätze unseres Platzes im Besonderen anlangt, gegenüber anderen zu den günstiger situirten Plätzen zu gehören, und wenn auch noch Klagen laut werden, so ist die Verwaltung, welche alle unsere Linien in der Hand hat, geneigt, denselben Rechnung zu tragen.

Auf der andern Seite kann man nicht leugnen, daß viele Bahnen, in Folge des Monopols und in falscher Beurtheilung des Werthes eines gesteigerten Verkehrs für sie selbst, den Verkehr nicht so rasch und billig unterhalten, als es möglich wäre. Ohne uns hier auf die principielle Frage einzulassen, wie weit die Verleihung des Monopoles den Staat verpflichtet die Freiheit der Action der Bahnen zu beschränken, glauben wir unsere Ansicht hier dahin aussprechen zu müssen, daß ein allzu streng ausgeübter Zwang eine Verkümmerung unseres sich rasch entwickelnden Eisenbahnwesens zur Folge haben und hierdurch dem Verkehr im Allgemeinen mehr Schaden als Nutzen bringen würde. In einzelnen Fällen mag es nützlich sein, wenn eine äußere Macht, welche ja das Recht hat, eingreift, im Allgemeinen sind wir hier, wie überall für möglichste wirthschaftliche Freiheit.

Insbesondere wäre es wünschenswerth, wenn auf dem Wege der Gesetzgebung die Haftpflicht der Bahnen für entstandene Verluste festgestellt würde, und die Einhaltung kurzer Lieferungsfristen, namentlich auf kleinen Strecken, wo es doch leicht möglich ist, zur Pflicht gemacht würde.

*Schifffahrt.* Neben der Erweiterung unseres Bahnverkehrs wurde in den beiden letzten Jahren die Erweiterung der Schifffahrt nicht aus dem Auge verloren.

Aus übelverstandenen Sparsamkeitsgründen war in der letzten Zeit der Hafen von Worms vernachlässigt worden. Quai und Krahnen waren nicht mehr ausreichend; die Schiffer weigerten sich nicht selten nach Worms Ladung zu nehmen, und der Schienenweg überflügelte bedeutend die Wasserstraße. Das Versäumte nachzuholen, mußte die Stadt sich zu großen Ausgaben entschließen, und es hat nun der Gemeinderath mit anerkennenswerther Liberalität die Erweiterung des Quais, die Aufstellung neuer Krahnen, die Erbauung von Lagerhäusern und die Errichtung eines Hafenbüreaus beschlossen, das der raschen und prompten Beförderung per Schiff dienstbar sein soll. Weiter wird eine öffentliche Landungsbrücke für Dampfboote errichtet, so daß auch die Schiffe solcher Gesellschaften, welche hier keine eigene Brücken haben, doch landen können, was bisher zu unserem großen Schaden nicht möglich war. Endlich hat der Stadtrath der Ludwigsbahn eine nicht unbedeutende Subvention zur Erbauung einer Verbindungsbahn von Hafen und Bahnhof verwilligt.

Damit, hoffen wir, wird dem gegenwärtigen Bedürfnisse in einer Weise genügt, daß die Schifffahrt der so drohend gewordenen Concurrenz der Bahn erfolgreich entgegentreten kann.

In Folge dieser Neuerungen mußte der Tarif der Hafen-, Krahnen- und Lagerungsgebühren einer Revision unterworfen werden. Die Stadt konnte als Aequivalent für ihre Leistungen eine erhöhte Einnahme aus dem Hafenverkehr beanspruchen, aber es durften die Vortheile, welche dem Handel gewährt worden, nicht durch allzuhohe Abgaben wieder aufgehoben werden. Wir constatiren hier mit Vergnügen, daß der in Aussicht genommene Tarif durchschnittlich niederer ist, wie derjenige, welcher in den meisten Nachbarstädten eingeführt ist.

Im Jahre 1861 wurde das damalige Nebenzollamt erster Classe in ein Hauptzollamt verwandelt, und gestattet, daß Auslandgüter, unter Raumverschluß der Personenboote verladen, hier ihre erste zollamtliche Behandlung erfahren. Waaren, welche auf Güterbooten aus dem Auslande kamen, mußten nach wie vor an einer andern Stelle abgefertigt werden, und gingen meist an Worms vorbei nach Ludwigshafen, um dort in Verkehr gesetzt, per Bahn hierher zu gelangen. Deßhalb, und um directe Verbindung mit Holland zu erhalten, welche uns den Handel nach dem Norden, namentlich in Oel, Fett, Getreide u. s. w. erschließen würde, suchte die Handelskammer dieselbe Erleichterung wie für den Transport auf Personenbooten, auch für den auf Güterbooten zu erreichen. Die Zollgesetzgebung forderte zu diesem Zwecke die Errichtung eines Freihafens an hiesigem Platze, und wir erstrebten nun die Erreichung dieses Zieles. Unsere Bemühungen sind von Erfolg gewesen; der Stadtvorstand hat die Mittel zur Erbauung eines neuen Quais nebst Lagerhauses u. s. w. verwilligt, und die Regierung hat nach Vollendung dieser Bauten unserem Platze die Rechte eines Freihafens vom 15. Februar 1869 an verwilligt.

Wir haben in früheren Jahren Schritte gethan, um eine Aenderung der Dampfschiffs-Frachtsätze für Worms zu erzielen, aber leider ohne Erfolg; und wir zahlen heute noch für zu Berg gehende Güter dieselbe Fracht wie das 4 Stunden entfernte Ludwigshafen.

In der letzten Zeit hat nun der Gemeinderath geglaubt Mittel in der Hand zu haben, welche ihm die Erreichung eines besonderen Frachtsatzes für Worms möglich machen, und ist in dieser Richtung thätig gewesen. Wir wünschen seinen Bemühungen besseren Erfolg, als die unsrigen ihrer Zeit hatten.

Mit dem 1. Juli 1869 tritt die von den Rheinuferstaaten vereinbarte neue Schifffahrtsacte in Kraft. Nach derselben ist Schifffahrt und Flößerei auf dem Rhein in seiner ganzen Ausdehnung und seinen Nebenflüssen vollkommen frei, wie sie es seit dem 1. Januar 1867 auf dem rein deutschen Theile des Rheins gewesen sind. Damit ist die letzte Fessel gefallen, welche man in den Zeiten der größten Zerrissenheit Deutschlands dem Verkehr dieser natürlichen Straße anlegte.

## Oeffentliche Lasten und Abgaben.

Das Budget unseres Landes ist durch die in Folge der Militärconvention mit Preußen eingetretene Erhöhung des Militäretats plötzlich um ein Bedeutendes gewachsen. Um den geregelten Zustand, dessen sich unsere Finanzen immer zu erfreuen hatten, zu erhalten, mußten neue Einnahmequellen erschlossen werden, und, da wir außerdem durch Oberhessen genöthigt waren, uns der Finanzwirthschaft des norddeutschen Bundes anzuschließen, so wurde die Einkommensteuer eingeführt. Wir begrüßen diese neue Basis der öffentlichen Abgaben als eine einfache und sachgemäße, und wollen nur den Wunsch an dieselbe knüpfen, daß sie es möglich mache, die verwickelten und irrationellen indirecten Steuern, vor allen die inneren fallen zu lassen, oder wenigstens zu reduciren. Dazu hat es zwar vor der Hand noch nicht den Anschein, ja im Gegentheil führte das Bestreben der norddeutschen Bundesregierung, den Bund finanziell auf seine eigenen Füße zu stellen, zu einer Reihe von Vorlagen, welche eine namhafte Erhöhung resp. Vermehrung der indirecten Auflagen bezweckten. Wir haben die Ablehnung dieser Vorlagen durch Reichstag und Zollparlament mit Vergnügen gesehen.

Zu bedauern hatten wir dagegen, daß hierdurch eine in Aussicht genommene gründliche Revision unseres Zolltarifs nicht zur Ausführung kam. Es wäre hierdurch nicht nur der ganze Zollapparat sehr vereinfacht worden, sondern es wäre damit ein großer Schritt zum Freihandel weiter geschehen, indem alle Zölle, welche Schutzzölle sind, weil sie keine Finanzzölle sind, gefallen wären.

Mit dem 1. Juli 1869 tritt die neue Productionssteuer für Tabak in Kraft. Wenn unser Bezirk auch nicht direct davon getroffen wird, so haben wir doch im Interesse der Tabaksindustrie und des Tabakshandels unseres Platzes Ursache mit Unruhe die Gefahren zu verfolgen, welche diesem Artikel drohen.

Wir würden eine erhöhte Abgabe und namentlich eine Consumtionssteuer lebhaft bedauern, weil die dadurch erzielte Mehreinnahme mit der Belästigung und Schädigung eines blühenden Geschäftszweiges zu theuer erkauft wäre.

Die mit der Einführung der Tabakssteuer in Wegfall gekommene Uebergangsabgabe für Tabak nach Norddeutschland gewährt dem Handel dorthin eine nicht unbedeutende Erleichterung.

Die Aufhebung des Salzmonopols und die Einführung der Salzsteuer hatte an unserem Platze einige Versuche von Privaten den Salzhandel in ihre Hände zu bekommen zur Folge. Da aber das seitherige Salzdepot, nun dem Salzwerke Wimpfen gehörig, den Preis herabsetzte, so ist letzteres nach wie vor alleiniger Lieferant. Nur in Viehsalz wird demselben erfolgreich Concurrenz gemacht.

Eine neue Verordnung in Betreff der Denaturirung von Salz zu gewerblichen Zwecken hat in Worms, wo der Bedarf des Salzes zu diesem Zweck ein nicht unbedeutender ist, lebhafte Befriedigung hervorgerufen.

Die allerdings hohe und durch die Art der Erhebung lästige Abgabe von Wein besteht noch, da die finanzielle Lage unseres Landes nicht gestattete, auf eine so hohe Einnahme zu verzichten.

*Tabak.*

*Salz.*

*Wein.*

**Branntwein.** Vom 1. Juli 1869 an wird von dem Branntwein eine höhere Abgabe erhoben, und es treten schärfere Controlmaß-regeln und höhere Strafen in Kraft. Hierdurch wird dieser wichtige Gegenstand der Production in einer Weise belästigt, daß der Betrieb der kleineren Brennereien ernstlich in Frage gestellt wird, und es könnte zu unserem Bedauern der Fall ein-treten, daß die Kleinbrennerei, welche die intensive Landwirth-schaft so sehr fördert, ganz aufhören und dem fabrikmäßigen Betrieb der Spiritusgewinnung Platz machen werde.

Einen vielversprechenden Ausweg aus dieser Calamität haben einige Brenner in Monsheim eingeschlagen; sie haben sich nämlich zu einer großen Genossenschafts-Brennerei vereinigt. Sollte diese reussiren, so würde das Beispiel wohl allgemeine Nachahmung finden.

Dagegen sind dem Handel mit Spirituosen bedeutende Erleichterungen gewährt, indem das lästige Bezettelungswesen und die Uebergangssteuer nach Norddeutschland ganz aufhören.

Dadurch daß Worms eine Ausgangsstation für Brannt-wein geworden ist, und bei der günstigen Lage der Stadt an den Verkehrsstraßen wird der bedeutende Export nach Süd-deutschland seinen Weg theilweise über hier nehmen, und es hat den Anschein, daß sich hier das Speditionsgeschäft für die-sen Artikel etabliren werde.

Zu bedauern bleibt, daß für den zur Essigfabrikation ver-brauchten Spiritus keine Rückvergütung der Steuer stattfindet, indem hierdurch unsere Essigsiederei gegen die benachbarten, welche steuerfreien Spiritus verarbeiten, im Nachtheil sind.

**Bier.** In Bezug auf die Besteuerung des Bieres können wir melden, daß unsere Kesselsteuer beibehalten und nicht durch die Malzsteuer ersetzt wird. Da das Bier auch so im Großherzog-thum nahezu gleich hoch besteuert ist wie in Norddeutschland, so fällt mit dem 1. Juli 1869 auch die Uebergangssteuer für Bier.

**Brückengeld.** Durch die Eröffnung der Riedbahn mit der Station Ro-sengarten am jenseitigen Ufer hat der Verkehr über den Rhein an Wichtigkeit für uns gewonnen, und es trat die Höhe des

Brückengeldes mehr in die Augen. Es wurden deshalb die Taxen vom 1. October 1869 an auf die Hälfte, ausgenommen für Lastwagen, herabgesetzt. Wenn wir auch diese Erleichterung freudig acceptiren, so wünschen wir doch noch weiter, daß, wie das Chaussee- und Pflastergeld, so auch das Brückengeld ganz fallen, und daß der Verkehr über den Rhein frei gegeben werde.

Recht dankenswerthe Gesetze sind diejenigen über die Stem- pel-Abgaben vom 3. October 1867 und vom 28. August 1868. Das erste ermäßigt nicht nur die älteren hohen Strafen, sondern befreit auch alle Quittungen, so lange davon kein ge- richtlicher Gebrauch gemacht werden soll, von der Stempelge- bühr. Es begeht also jetzt Niemand mehr eine Contravention, wenn er eine Quittung auf stempelfreies Papier setzt, sondern er kann dieselbe, wenn sie im Proceß gebraucht werden soll, straflos formalisiren lassen. Damit fällt wieder eines jener Gesetze, die, gewiß nicht zur Wertherhöhung unseres Rechts- apparates, nur da zu sein schienen, um nicht gehalten zu werden.

Das zweite Gesetz führt den Gebrauch von Wechsel- Stempelmarken ein und gibt dadurch dem Handelsstande Mittel an die Hand, auf eine einfache Weise sich gegen Nachtheile zu schützen.

*Stempel.*

# Thatsächlicher Theil.

**Landwirth-
schaftliche
Production.** Die landwirthschaftlichen Verhältnisse unseres Bezirkes haben sich in den beiden letzten Jahren in erfreulicher Weise weiter entwickelt.

Die Boden=Meliorationen beschränken sich bei uns auf den intensiven Theil, die Bodenmischungen, die, den ganzen Winter über Schiff und Geschirr des Landwirths beschäftigend, den Bodenwerth namhaft erhöhen.

**Dünger.** Die Düngerwirthschaft hat auch in den beiden Jahren wieder zugenommen. Die Jahre 1865 und 1866 hatten wegen außerordentlichen Futtermangels die üble Folge, daß die Viehbestände in einer empfindlichen Weise reducirt werden mußten. Die Düngerproduction war deßhalb gering, und der Landmann sah sich genöthigt, mehr als es sonst der Fall gewesen wäre, den Kunstdünger anzuwenden.

Die reichen Futtererträge der Jahre, über welche sich unser Bericht erstreckt, ermuthigten den Landwirth die Viehhaltung selbst über den früheren Bestand hinaus zu verstärken. Aber einmal von der Vortrefflichkeit des Kunstdüngers in den vorigen Jahren überzeugt, hat er nun, troß der starken Vermehrung des Stallmistes, jenen beibehalten, und es finden hierdurch beide Düngerarten eine erhöhte Anwendung. Von den im Jahre 1867 in der Provinz Rheinhessen verwendeten 207,000 Ctr. künstlichen Dünger entfallen auf unsern Bezirk allein circa 130,000 Ctr.

Bezüglich des **Pflanzenbaues** sind in den betreffenden Jahren namhafte Variationen in die Erscheinung getreten.

**Oelfrüchte.** Der **Repsbau** hat sich im Ganzen vermindert, seitdem das Petroleum in so collossalen Quantitäten importirt wird. Da aber das Samenöl mit der Zeit andere starkconsumirende Verwendung erhalten, so war die Gefahr nicht so groß, als sie im Anfang schien, und es wird sich troß des Petroleums als gesuchten und werthvollen Artikel bewähren, wie es seiner Zeit die Concurrenz des Leuchtgases glücklich bestand.

Die Unsicherheit in der Abschätzung des Bedürfnisses sowie die Abhängigkeit von äußeren nicht zu berechnenden Factoren drückt sich in folgenden Zahlen aus. Es wurden in den Kreisen Worms und Alzey mit Reps bestellt in den Jahren 1860 bis 1868 incl. 6178, 8273, 4267, 7274, 1031, 1890, 7729, 5751, 4730, Hessische Morgen.

Vermindert hat sich auch der **Anbau des Weizens,** weil    Cerealien das ungarische Product unverkennbar drückend auf die Preise gewirkt hat; vermehrt dagegen hat sich die Gerstencultur.

Unsere Gerste ist anerkannt eine der besten zur Malzbereitung, sie ist deshalb in der weitesten Ferne gesucht, und es werden große Quantiäten derselben bis nach Holland versendet, ja es ist der Versuch gemacht worden, pfälzer Gerste oder Malz nach Amerika zu exportiren. Jemehr der Bierconsum sich auf alle Schichten der Bevölkerung ausbreitet, und je rationeller die Bereitung des Bieres betrieben wird, desto gesuchter wird unsere treffliche Gerste sein.

Die außerordentlichen Transportmittel, die sich dem Bedürfnisse noch nicht einmal entsprechend erwiesen, werden, wenn sie genügend vermehrt sind, die Folge haben, daß sich die Bodenproduction nach kleinen Bezirken immermehr individualisirt; man wird besondere Weizen- und besondere Gerstendistricte haben, und unser Bezirk wird zu den letzteren gehören.

Von gleicher Wichtigkeit wie der Gerstenbau ist für unsere    Kartoffeln. Gegend der **Kartoffelbau.** Ein großer Theil des Ertägnisses wird nach dem Niederrhein versendet, um dort zu Stärke oder Zucker verarbeitet zu werden. Die Zucker- oder Stärkefabriken unseres Kreises entwickeln sich immer mehr und namentlich ist der Zucker in schlechten und mittleren Weinjahren sehr gesucht.

Der **Obstbau** in unserem Bezirk hat sich merklich gesteigert. Die reichen Einnahmen, die er Privaten und Gemeinden    Obst und Gemüse. bringt, bewirken, daß man der Obstcultur immer größere Beachtung schenkt. Wie in früheren Jahren sind auch diesmal große Quantitäten, namentlich nach England ausgeführt worden.

Auch der Gemüsebau hat an Ausdehnung gewonnen, und besonders wird die Spargelcultur in großem Maßstabe getrieben; bei der Fruchtarbeit des Bodens und der Arbeitsamkeit der ländlichen Bevölkerung unseres Bezirkes könnte aber dieser Zweig der Production noch mehr ausgedehnt, und eine reichere Ertragsquelle werden, als wie es bisher der Fall war.

**Arbeiter.** Die Klage unserer Landwirthe über den **Mangel an tüchtigen und zuverlässigen Arbeitern** ist wiederum und namentlich seit der Erhöhung des Präsenzstandes unserer Truppen stärker geworden. Wenn die Güterpreise gegen früher einigen Rückschlag zeigen, so ist derselbe mit dadurch begründet, daß die Arbeiternoth bei Vielen Unlust geweckt, und sie zum Aufgeben der Landwirthschaft bestimmt hat. Anderseits gewinnt hierdurch auch die Anwendung verbesserter Maschinen auch bei denjenigen an Ansehen, welche bisher der Maschinenarbeit in der Landwirthschaft abgeneigt waren.

## Ernteübersicht für die Kreise Worms und Alzey.

| | Auf einer Fläche von hessischen Morgen. | | | Menge der Produkte. | | | | | |
|---|---|---|---|---|---|---|---|---|---|
| | 1866. | 1867. | 1868. | 1866. Malter | Ctr. | 1867. Malter | Ctr. | 1868. Malter | Ctr. |
| Waizen | 29,066 | 27,400 | 27,052 | 100,610 | — | 79,722 | — | 134,823 | — |
| Korn | 25,377 | 27,052 | 29,910 | 133,023 | — | 119,354 | — | 171,837 | — |
| Spelz | 3,314 | 2,753 | 2,902 | 30,763 | — | 22,749 | — | 30,685 | — |
| Gerste | 34,812 | 34,241 | 35,244 | 181,878 | — | 163,297 | — | 188,302 | — |
| Hafer | 9,973 | 9,493 | 9,530 | 72,128 | — | 68,505 | — | 69,008 | — |
| Mais | 43 | 26 | 68 | 140 | — | 121 | — | 238 | — |
| Hirsen | 40 | 9 | 11 | 106 | — | 33 | — | 55 | — |
| Erbsen | 116 | 151 | 129 | 278 | — | 510 | — | 351 | — |
| Linsen | 193 | 221 | 230 | 526 | — | 750 | — | 620 | — |
| Bohnen | 222 | 210 | 227 | 681 | — | 796 | — | 835 | — |
| Wicken | 388 | 343 | 285 | 1,083 | — | 961 | — | 834 | — |
| Kohl | 7,729 | 5,751 | 4,730 | 42,347 | — | 21,617 | — | 23,089 | — |
| Mohn | 48 | 38 | 74 | 160 | — | 124 | — | 285 | — |
| Tabak | 21 | — | — | 122 | — | — | — | — | — |
| Hopfen | 2 | — | 1 | — | 2 | — | — | — | 8 |
| Cichorien | 1 | — | 1 | — | 9 | — | — | — | 130 |
| Flachs | 3 | 3 | 4 | — | 6 | — | 9 | — | 11 |
| Hanf | 109 | 77 | 77 | — | 302 | — | 291 | — | 318 |
| Kartoffeln | 31,510 | 31,818 | 33,514 | 663,453 | — | 860,503 | — | 947,326 | — |
| Rüben aller Art | 13,300 | 13,020 | 14,091 | — | 1,193,562 | — | 1,316,016 | — | 1,532,296 |
| Kopfkohl | 605 | 764 | 632 | — | 24,443 | — | 24,034 | — | 18,537 |
| Futterkräuter | 40,884 | 32,011 | 33,152 | — | 457,928 | — | 640,480 | — | 658,715 |
| Heugras | 7,645 | 6,786 | 6,756 | — | 126,709 | — | 114,598 | — | 125,419 |
| Öhmet | 9,305 | 10,307 | 9,723 | — | 56,801 | — | 91,349 | — | 75,942 |
| Wein | 9,316 | 9,780 | 10,148 | Öhm. 64,231 | — | Öhm. 58,822 | — | Öhm. 69,232 | — |

Die Durchschnittspreise für das Malter zu den beigesetzten Normalgewichten waren:

| In den Monaten | Waizen à 200 Pfund | | | Korn à 180 Pfund | | | Gerste à 160 Pfund | | | Spelz à 120 Pfund | | | Hafer à 120 Pfund | | |
|---|---|---|---|---|---|---|---|---|---|---|---|---|---|---|---|
| | 1866. | 1867. | 1868. | 1866. | 1867. | 1868. | 1866. | 1867. | 1868. | 1866. | 1867. | 1868. | 1866. | 1867. | 1868. |
| | fl. kr. | fl. kr. | fl. kr. | fl. kr. | fl. kr. | fl. kr. | fl. kr. | fl. kr. | fl. kr. | fl. kr. | fl. kr. | fl. kr. | fl. kr. | fl. kr. | fl. kr. |
| Januar . . | 9 34 | 16 6 | 16 39 | 7 10 | 10 29 | 13 2 | 6 38 | 8 32 | 9 5 | — | — | — | 4 51 | 5 30 | 6 21 |
| Februar . | 9 43 | 15 54 | 16 40 | 7 22 | 10 36 | 9 9 | 6 59 | 9 17 | 9 13 | — | — | — | 5 1 | 5 29 | 6 27 |
| März . . | 9 47 | 15 48 | 15 59 | 7 24 | 10 48 | 8 8 | 7 20 | 9 16 | 9 12 | — | — | — | 5 35 | 5 37 | 6 30 |
| April . . | 9 — | 15 54 | — | 7 15 | 10 40 | 8 13 | 6 48 | 9 18 | 9 3 | — | — | — | 5 17 | 5 59 | 6 49 |
| Mai . . | 10 30 | 16 19 | 19 — | 7 23 | 11 25 | 8 43 | 7 12 | 9 32 | 9 3 | — | — | — | 5 57 | 6 27 | 7 10 |
| Juni . . | 9 25 | 16 4 | 11 1 | 7 1 | 11 16 | 8 52 | 7 49 | 9 20 | 7 20 | 4 — | 7 — | 5 — | 5 46 | 6 24 | 7 26 |
| Juli . . | 11 13 | 26 26 | 13 24 | 7 43 | 11 27 | 9 2 | 8 17 | 8 43 | 7 36 | 37 — | 7 — | 5 43 | 5 32 | 6 14 | 6 25 |
| August . | 13 12 | 21 13 | 26 — | 8 9 | 10 35 | 8 42 | 8 7 | 8 53 | 8 — | 22 — | 5 — | 46 — | 5 20 | 6 17 | 5 24 |
| September . | 13 50 | 15 12 | 37 — | 8 34 | 11 9 | 8 14 | 8 3 | 8 21 | 8 6 | 25 — | 5 25 | 50 — | 5 12 | 6 9 | 5 23 |
| Oktober . | 14 54 | 18 12 | 32 — | 9 31 | 11 59 | 9 21 | 8 47 | 9 20 | 8 17 | 6 20 | 6 — | 41 — | 5 16 | 6 25 | 7 — |
| November . | 15 5 | 16 33 | 40 — | — | 12 22 | 9 13 | 8 43 | 9 3 | 8 12 | 6 — | 6 — | — | 5 16 | 6 14 | 8 — |
| Dezember . | 15 27 | 16 14 | 10 — | 11 — | 12 15 | 9 42 | 8 45 | 8 30 | 7 54 | — | — | 4 30 | 5 21 | 6 10 | 5 22 |

## Viehstand in den Kreisen Worms und Alzey.

| | Stückzahl zu Ende | | | Kapitalwerth | | | Ergebniß der Vergleichung | | | |
|---|---|---|---|---|---|---|---|---|---|---|
| | 1866. | 1867. | 1868. | 1866. | 1867. | 1868. | Stückzahl mehr. | Stückzahl weniger. | Kapitalwerth mehr. | Kapitalwerth weniger. |
| Pferde | 5,953 | 5,836 | 5,945 | 1,085,085 | 1,082,805 | 1,077,906 | — | 8 | — | 7,179 |
| Fohlen | 353 | 316 | 280 | 37,385 | 36,035 | 29,692 | — | 73 | — | 7,093 |
| Bullen | 211 | 265 | 311 | 24,160 | 30,748 | 37,348 | 100 | — | 13,388 | — |
| Zugochsen | 452 | 411 | 381 | 53,499 | 50,330 | 46,912 | — | 72 | — | 6,557 |
| Mastochsen | 155 | 104 | 151 | 24,015 | 17,275 | 22,110 | — | 4 | — | 1,905 |
| Kühe | 17,969 | 18,410 | 17,989 | 1,551,217 | 1,734,825 | 1,777,734 | 20 | — | 226,517 | — |
| Rinder und Stiere | 6,620 | 8,011 | 8,170 | 337,676 | 435,288 | 493,010 | 1411 | — | 155,364 | — |
| Schafe | 1,201 | 1,586 | 1,812 | 8,772 | 12,926 | 13,721 | 611 | — | 4,949 | — |
| Ziegen | 9,432 | 10,192 | 11,089 | 62,557 | 58,299 | 62,619 | 1637 | — | 10,062 | — |
| Schweine | 13,095 | 14,172 | 14,821 | 393,459 | 438,083 | 461,950 | 1726 | — | 68,500 | — |
| Esel | 21 | 21 | 19 | 528 | 523 | 514 | — | 2 | — | 14 |
| Bienenstöcke | 10,366 | 10,418 | 10,903 | 75,119 | 71,732 | 81,342 | 537 | — | 6,223 | — |
| | | | | 3,643,502 | 3,971,959 | 4,105,127 | | | 485,063 | 23,578 |

Hiernach stellt sich der Kapitalwerth in 1866 gegen 1865 mehr um 206,486 fl. oder 6 %.

"    "    "    "    1867    "    1866    "    "    328,457  "  "  9 %.

"    "    "    "    1868    "    1867    "    "    133,168  "  "  3,₅ %.

Frucht-<br>handel.

Wie der Handel mit Frucht immer von der Production derselben abhängt, so auch in den für denselben verhängnißvollen Jahren, über welche wir berichten. Die Ernte des Jahres 1867 war in dem größten Theile von Europa mißrathen, nur Ungarn hatte zum Glück einen äußerst reichen Ertrag und konnte wenigstens einen Theil des Gesammtausfalls decken. Unser fruchtbarer Bezirk liefert selbst in schlechten Jahren immer noch mehr Getreide, als er consumirt, nur die Ausfuhr wird alsdann eine geringere. Die Fruchthändler wollten sich deßhalb, um ihr Exportgeschäft betreiben zu können, mit ungarischer Frucht versehen, und schlossen ihre Verträge. Da zeigte sich leider eine Mangelhaftigkeit in den Verkehrsanstalten, welche die übelsten Folge hatten; die Bahnen hatten bei weitem nicht Betriebsmaterial genug, um den massenhaften Transport bewerkstelligen zu können, und die Händler sahen sich in Folge dessen nicht in der Lage ihre Verbindlichkeiten erfüllen zu können. Wenn unser Platz von dieser Calamität auch nicht in dem Verhältniß wie ein benachbarter betroffen wurde, so hatte er doch sehr durch dieselbe zu leiden. Und als nun die günstigen Aussichten des Jahres 1868 hinzukamen, hatten sich Manche in ihren Einkäufen überstürzt, und mußten nun mit Verlust oder wenigstens ohne Gewinn verkaufen. — Die Ernte von 1868 war eine reiche, der Preis sank auf seinen normalen Stand, und das Geschäft konnte sich langsam von dem Schlag des Vorjahres erholen. —

Die gemachte Erfahrung wird die Bahnverwaltungen veranlassen, hinlängliches Material für solche Fälle bereit zu halten, damit auch sie in ihrem eigenen Interesse eine solche Conjunctur benützen können. —

Die Statistik des Verkehrs in unserem Hafen zeigt, daß 1867 und 1868 per Schiff versendet wurden: 114,713 Crt. und 203637 Ctr. Früchte.

Weinhandel.

Der Weinhandel hat im Allgemeinen in Folge der günstigen Weinernten der letzten Jahre an Ausdehnung gewonnen, und wurde aus diesem Grunde von den politischen Verhältnissen nur wenig, oder doch nur vorübergehend nachtheilig beeinflußt. Namentlich trug das Product der der letztjährigen Weinlese

(1868) dazu bei, das Geschäft zu beleben. Quantität und Qualität war für den größeren Consum, der hauptsächlich durch gute Mittelweine gedeckt wird, und keine so hohen Preise verträgt, sehr erwünscht.

Wenn auch in Folge der Handelsverträge französische Weine bei uns, und österreichischer Wein im östlichen Theile Deutschlands Eingang gefunden haben, so konnten dieselben doch die Nachfrage nach Rheinwein nicht vermindern. Im Gegentheil, je mehr der Verkehr nach Norddeutschland erleichtert wird, desto mehr finden unsere Weine dort Eingang; es scheint als fände die norddeutsche Zunge immer mehr Gefallen an unserem Producte. Durch den Beitritt von Mecklenburg und den Elbherzogthümern zum Zollverein findet der Rheinwein ein neues Gebiet, das er sich erobern kann.

Die Ausfuhr nach den vereinigten Staaten von Nord-Amerika war in den letzten Jahren noch belangreich, gegen die frühere, vor Einführung der hohen Zölle sehr blühende, zwar nur unbedeutend, und sich meistens auf gute Qualität beschränkend.

Die Zahl der Weinhändler im Großen in der Stadt Worms betrug: 11, die der Weinhändler im Kleinen: 10, die der Weinwirthe im Jahre 1867: 80, worunter 19 aversionirte, 1868: 104, worunter 28 aversionirte.

|  | 1867. | 1868. |
|---|---|---|
| Von Wirthen u. Weinhändlern wurden versteuert: | 5249 Ohm; | 5666 Ohm. |
| Von Privaten wurden versteuert: | 466 „ | 611 „ |
| Zapfgebühr wurde entrichtet von: | 2133 „ | 2778 „ |

Demnach berechnet sich der Weinconsum in den hiesigen Weinwirthschaften auf 17 Maas per Kopf der Bevölkerung in einem Jahr.

Die Gesammtbewegung von steuerpflichtigem Wein bezifferte sich im Jahre 1867 auf 7547 Ohm 13¹/₄ Maas, im Jahr 1868 auf 8263 Ohm 44¹/₄ Maas.

3

Davon kam auf:          1867.          1868.

| | 1867 | | | | 1868 | | | |
|---|---|---|---|---|---|---|---|---|
| | Einfuhr | | Ausfuhr | | Einfuhr | | Ausfuhr | |
| | Ohm. | Maas | Ohm | Maas | Ohm | Maas | Ohm. | Maas |
| Preußen, westliche Provinzen | 54 | 37¹/ | 245 | 9 | | | | |
| „ östliche „ | — | 59 | 493 | 1/4 | | | | |
| Hannover . . . . | — | 13¹/ | 48 | 31¹/₂ | | | | |
| Oldenburg . . . | — | — | 8 | 33 | | | | |
| Kurhessen . . . . | 1 | 69¹/₂ | 48 | 2¹/₄ | | | | |
| Thüringen . . . . | — | — | 36 | 11 | 156 | 69¹/₄ | 1574 | 42 |
| Sachsen . . . . | — | 20 | 176 | 75 | | | | |
| Nassau . . . . | 287 | 61¹/₂ | 69 | 8¹/₄ | | | | |
| Homburg . . . . | — | 20 | 19 | 75¹/₂ | | | | |
| Frankfurt . . . . | — | — | 24 | 68 | | | | |
| Bayern, rechts des Rheines | 19 | 60¹/₂ | 61 | 59 | 3 | 77¹/₄ | 41 | 27 |
| „ links „ „ | 3345 | 53 | 102 | 41 | 3432 | 54 | 117 | 47 |
| Württemberg . . . | — | 5¹/₂ | 2 | 42 | 1 | 40³/4 | 13 | 14 |
| Baden . . . . | 15 | 71¹/₂ | 25 | 23 | 24 | 74³/4 | 26 | 5¹/₂ |
| Oesterreich und Schweiz . | — | — | — | — | 4 | 14 | 17 | 52¹/₄ |
| Frankreich . . . . | — | — | — | — | 47 | 22³/4 | 32 | 59 |
| Sonstige europäische Staaten | 48 | 79 | 820 | 43 | 6 | 15 | 455 | 8¹/₄ |
| Außereuropäische Länder . | — | — | — | — | — | — | 284 | 61³/4 |
| Summa . . . | 3775 | 70 | 2182 | 41³/4 | 3677 | 47³/4 | 2562 | 76³/4 |

Recht erfreulich ist die Zunahme des Versandtes nach Norddeutschland.

Im Jahre 1864: 480 Ohm; 1865: 808 Ohm; 1866: 1164 Ohm; 1867: 1170 Ohm; 1868: 1574 Ohm.

Bierbrauereien. Die Anzahl der hiesigen Brauereien belief sich in den Jahren 1867 und 1868 auf 12, bez. 11.

|  | 1867. | 1868. |
|---|---|---|
| Von denselben wurde gebraut: | 6265 Ohm; | 6586 Ohm. |
| Aus den anderen Vereinsstaaten wurden eingeführt: | 577 „ | 529 „ |
| Aus dem Großherzogthum: | 1218 „ | 1424 „ |
| Summa . | 8060 Ohm; | 8539 Ohm. |
| Ausgeführt wurden nach Orten im Großherzogthum: | 1562 „ | 1379 „ |
| Deßgleichen nach dem Ausland: | 610 „ | 136 „ |
| Es verblieben somit in Worms: | 5888 Ohm; | 7024 Ohm. |

Der Bierconsum berechnet sich also im letzten Jahre auf circa 43 Maas per Kopf.

Dieser neue Zweig unserer Industrie hat in der kurzen Zeit seines Bestehens schöne Erfolge erzielt. Die Qualität des verarbeiteten Materials und die verbesserte Technik der Fabrikanlage ermöglichten die Herstellung eines trefflichen Products, das sehr gesucht war und mit höheren Preisen bezahlt wurde, als das von anderen Plätzen. *Malz-fabrikation.*

Die schwankende politische Lage in den letzten Jahren konnte die Baulust nicht erwecken, namentlich beschränkte man sich unmittelbar nach dem Kriege beinahe nur auf die Erhaltung des Vorhandenen. In Folge davon war der Handel in Holz gedrückt, und erst, als das Vertrauen sich befestigte, das Geld wieder flüssig wurde, nahm das Geschäft einen recht erfreulichen Anfang. Es wurde jedoch bald durch den Mangel an tüchtigen Arbeitern wieder etwas geschwächt. Theils durch den Eingangs angeführten allgemeinen Mangel an Arbeitskräften, theils durch künstliche Agitation wurde die Arbeit immer schwieriger, und konnte das vorhandene Bedürfniß nicht ganz befriedigen. Nachdem nun die Geldverhältnisse in Stadt und Land sich wieder gebessert haben, und überall rege Lust am Bauen erwacht ist, wäre es sehr zu wünschen, wenn die fatale Arbeiterfrage eine gesunde Lösung finden würde. *Holzhandel.*

Der Kohlenhandel, der mit unserer Industrie fällt und steigt, war, so lange diese durch die Unsicherheit der Lage litt, schwach, hat sich jetzt aber nicht nur erholt, sondern ist stärker geworden, wie er vordem war. *Kohlen-handel.*

Im Jahr 1867 kamen zu Schiff an: 403,035 Ctr. Kohlen.
„ „ 1868 „ „ „ „ . 456,923 „ „

Der hiesige Handel mit Colonialwaaren erfreut sich eines steten Wachsthums. Man begnügt sich nicht mehr die Waare aus zweiter oder dritter Hand zu beziehen, sondern man hat angefangen, sich an die Importhäfen zu wenden. Hierdurch ist es nicht nur möglich, besser und billiger zu liefern, sondern auch mehr Nutzen aus der Conjunctur zu ziehen. Dazu kommt, daß durch die Vermehrung unserer Eisenbahnlinien der Absatz auf das Land erleichtert ist, und der früher beschränkte Bezirk für diese Branche an Ausdehnung gewonnen *Handel mit Colonial-Waaren.*

3 *

hat. Die allgemeine Flauheit des Jahres 1867 hat auch auf diesen Zweig vorübergehend nachtheilig gewirkt; das nun wieder hergestellte Vertrauen und die günstige Ernte haben aber einen raschen Aufschwung bewirkt.

**Handel mit Manufacturwaaren.** Dieselben Erscheinungen zeigte im Ganzen auch das Manufacturwaarengeschäft. Das Jahr 1867 war demselben ungünstiger als das Kriegsjahr 1866. Das Baumwollengeschäft litt außerdem durch die beständigen Schwankungen des Rohstoffes, der mehr und mehr Speculationsartikel geworden, und dessen Preis sich so leicht nicht mehr voraus bestimmen läßt. Das Sommergeschäft in Tuchen war lebhaft, während das Wintergeschäft durch die zu spät eingetretene Kälte sich nicht recht entwickeln konnte.

Günstiger gestaltete sich die Lage im Jahre 1868; es ist namentlich das Sommer- und Herbstgeschäft als ein befriedigendes zu bezeichnen, während das Wintergeschäft einen ähnlichen Verlauf, wie das des vorhergehenden Jahres hatte.

**Fabrikation fertiger Herrenkleider.** Auch die Kleiderfabrication hat in den letzten Jahren an Ausdehnung wesentlich zugenommen. Das Angebot der hiesigen Waare findet nicht nur eine günstigere Aufnahme, wie bisher, und es richten sich auswärtige Aufträge mehr als früher hierher, sondern es wird unser Platz von Käufern gerade mit Vorliebe gesucht, was davon Zeugniß gibt, daß das Prestige desselben für diesen Artikel stets bedeutender wird.

In Folge der vermehrten Nachfrage haben die Arbeitslöhne, trotzdem die Maschine allgemein im Gebrauch ist, sich um mehr als 25 Proc. in den letzten zwei Jahren gehoben, und dennoch fehlt es sehr an geeigneten Kräften. Stände es in dieser Beziehung nicht so schlimm hier, so könnte das Exportgeschäft, in welchem England und Frankreich noch immer dominiren, mehr und mit größerem Erfolg forcirt werden. Seit der Vortheil billigerer Löhne der hiesigen Fabrication nicht mehr zur Seite steht, ist auf diesem Gebiete die Concurrenz eine doppelt schwierige geworden.

**Wollengarn Spinnerei.** Die Actiengesellschaft „Wollengarn-Spinnerei Worms" hat den Betrieb der Spinnerei eingestellt und ist in Liquidation begriffen. Die Ursachen dieses ungünstigen Resultates eines 10jährigen Betriebs sind hauptsächlich darin zu suchen, daß die Veranlagung der Fabrik den größten Theil des vorhandenen Kapitals absorbirte, und für den Betrieb zu wenig Mittel in der Hand ließ. Die sich bietenden Conjuncturen konnten deßhalb nicht ausgenutzt werden, und die Verzinsung des in Anspruch genommenen Credits verschlang stets einen unverhältnißmäßigen Theil der Einnahmen. Der ältere Theil des Etablissements, die Kunstwollefabrik, arbeitete nichts desto weniger mit gutem Erfolg, und deckte einen Theil der bei der Kamm- und Streichgarnfabrikation entstandenen Ausfälle.

Inzwischen ist das Spinnereigebäude von der Kammgarn-Spinnerei Bietigheim käuflich erworben worden, und es bleibt daher unserem Platze der Betrieb dieses Geschäftszweiges erhalten.

Ein ähnlicher Eigenthumsübergang der Kunstwollefabrik steht in Aussicht.

Obwohl durch Entstehung mehrerer Fabriken, namentlich in Norddeutschland, die Concurrenz für **Wasserglas** sehr zugenommen hat, so hat sich der Verbrauch dieses Artikels im Allgemeinen der Art gesteigert, daß der Absatz dem früherer Jahre ziemlich gleich geblieben ist. Namentlich steht einer Ausdehnung dieses Geschäftszweiges die hohe Fracht der Bahnen entgegen, indem hierdurch die Waare gezwungen ist, den langwierigen Umweg zu Wasser nach seinem Hauptabsatzgebiete, dem Norden, zu machen. *(Fabrikation von Wasserglas.)*

Dagegen findet **Glycerin** mehr Nachfrage, und hat sich die Fabrikation desselben, trotz der stärker werdenden Concurrenz, an hiesigem Platze wiederum gehoben. *(Von Glycerin.)*

Ebenso arbeitet die hiesige ältere **Degras-Fabrik** mit wachsendem Erfolg, und es ist eine neue Fabrik für diesen Artikel, der hierselbst einen bedeutenden Verbrauch finden kann, gegründet worden. *(Von Degras.)*

Der in unserer Nähe in großen Lagern vorkommende reine Thon und Sand wurde bisher und wird noch in bedeu- *(Von Chamotte-Waaren.)*

tenden Quantitäten selbst nach dem Auslande ausgeführt, um nicht selten von dort als fertige Waare wieder bei uns eingeführt zu werden. Im vorigen Jahre ist nun hier eine **Fabrik feuerfester Waaren** entstanden, die das ausgezeichnete Material benutzend, in der kurzen Zeit ihres Bestehens sich einen bedeutenden Absatz zu verschaffen gewußt hat.

**Von Kaffee-Surrogat**

Die hiesige Fabrik konnte sich nur auf dem in raschem Anlaufe genommenen Standpunkte erhalten. Nicht nur die allgemeine Unsicherheit der Lage drückte auch diese Branche, sondern noch mehr der hohe Zoll auf Colonial-Syrup hinderte dieselbe, sich weiter zu entwickeln, und es wäre auch hier eine gründliche Revision des Zolltarifs (Colonial-Zucker wird herabgesetzt, Syrup dagegen nicht.) vom größten Nutzen.

**Leder-fabrikation.**

Die Fabrikation in **lackirtem Kalbleder** hatte sich in den Jahren 1867 und 1868 eines weiteren Aufschwunges zu erfreuen. War auch das Geschäft weniger lohnend wie in früheren Jahren, indem die Preise durch eine energische Concurrenz herabgedrückt worden, so war der Absatz doch ein größerer. Lackirtes Leder scheint aus einem Luxusartikel mehr ein Verbrauchsartikel geworden zu sein; der Verbrauch desselben ist in Schichten der Bevölkerung gedrungen, in denen es früher nicht zu finden war, und es hat zu dieser Ausbreitung des Consums wohl hauptsächlich die größere Billigkeit der Waare beigetragen. — In Folge davon wird gegenwärtig in den 4 Etablissements unseres Platzes eine größere Anzahl von Arbeitern beschäftigt, wie früher, und ist namentlich die Nachfrage nach tüchtigen Arbeitskräften sehr stark. Die Arbeitslöhne haben sich in den beiden Jahren daher um ein bedeutendes gesteigert.

Der Absatz lackirter Leder nach Deutschland hat sich vermehrt und namentlich war er nach den österreichischen Staaten und vorzugsweise nach Wien ein recht befriedigender.

Auch nach Rußland hat derselbe zugenommen, wohl in Folge einer Herabsetzung des Eingangszolles; er ist aber immer noch gegen die Größe des dortigen Marktes unverhältnißmäßig klein, da der Zoll immer noch viel zu hoch ist.

Frankreich confumirt von Jahr zu Jahr immer mehr deutsches Lackleder, seitdem der Zollvertrag diesen Markt erschlossen. Es würde das Geschäft dorthin noch bedeutender sein, wenn der französische Zoll dem deutschen Zolle für auswärtiges lackirtes Leder gleichgestellt würde. Es müßte deßhalb von deutscher Seite eine Herabsetzung des französischen Zolles erstrebt werden; wir hätten sogar eine gänzliche Aufhebung der beiderseitigen Zölle nicht zu fürchten.

Nach England war der Absatz, wie auch in früheren Jahren, nicht unbedeutend, doch könnten die auf dem englischen Markte erzielten Preise bessere sein.

Ostindien ist ein Absatzgebiet für diesen Artikel geworden, und verspricht für die Zukunft mit China und Australien ein nicht zu unterschätzenden Markt zu werden.

Dagegen leidet das Geschäft nach Italien durch die traurigen finanziellen Verhältnisse dieses Landes.

In Spanien, wo sich Handel und Industrie gehoben hatte, führte die September-Revolution einen Stillstand aller Geschäfte herbei, der erst aufhören wird, wenn die Verhältnisse sich wieder consolidirt haben.

Die Vereinigten Staaten von Nord-Amerika consumiren immer weniger, und die Wirren im übrigen Amerika, namentlich der Aufstand in Cuba, haben den Export dorthin sehr reducirt.

Kalbkids, denen wir übrigens nicht dieselbe Zukunft, wie dem lackirten Kalbleder vindiciren wollen, werden in immer größerem Maßstabe hier fabricirt und wurden Ende 1868 bereits in 3 hiesigen Fabriken in großen Quantitäten geliefert. — München und Dresden waren seither die Plätze, auf welchen dieser Artikel vorzugsweise fabricirt wurde, doch verspricht er nun auch für unseren Platz von Bedeutung zu werden, da er sich ganz besonders dazu eignet, mit und neben lackirtem Kalbleder hergestellt zu werden.

Braune und Wichsleder wurden ebenfalls in größeren Quantitäten, namentlich von 2 hiesigen Etablissements, in vorzüglicher Qualität geliefert, und es ist anzunehmen, daß auch diese Sorten immer mehr sich hier einbürgern werden.

Sohl- und sogenanntes Bacheleber werden immer noch nur von den alten gut renommirten Gerbereien geliefert.

In Betreff der Eichenlohrinden könnten wir nur die früheren Desiderien wiederholen. Unsere Staatswaldungen liefern immer noch nicht dieses werthvolle Material in genügender Menge. Dagegen müssen wir hinsichtlich der Fichtenrinden dankend anerkennen, daß unsere Forstverwaltung solche auf den Markt gebracht hat, wenn auch erst in kleinen und unzureichenden Quantitäten.

**Gasfabrikation.** Die Wormser Gasfabrik leidet noch immer unter den ungünstigen Verhältnissen, in welche der Pachtvertrag mit der Stadt sie versetzt hat. Nachdem in dem Petroleum eine kaum zu bezwingende Concurrenz aufgetreten, deren Möglichkeit man zur Zeit des Abschlusses jenes Vertrages nicht voraussehen konnte, hat ein Theil der Consumenten dem Gasverbrauche entsagt, und die Fabrik ist in Folge des verminderten Consums und der hohen Pachtsumme weniger wie sonst in der Lage, den Preis des Gases herabzusetzen. Inzwischen tragen die Gasconsumenten zu Gunsten der Nichtconsumenten eine nicht unerhebliche indirecte Steuer.

**Baugewerbe.** In den beiden Jahren wurden Baubescheide ertheilt:

| | 1867 | 1868 |
|---|---|---|
| Für Neubauten | 50; | 45. |
| „ Umbauten | 37; | 36. |
| „ Façadenveränderungen | 19; | 30. |
| „ sonstige bauliche Veränderungen | 23; | 21. |
| | 1867: 129; | 1868: 132. |

**Dampfmaschinen.** Die Zahl der Dampfmaschinen in der Stadt Worms war 30 mit 595 Pferdekräften.

**Städtische Sparkasse.** Bei der allgemeinen Stockung der Geschäfte konnte das der hiesigen Sparkasse nicht sehr belangreich sein. Kapitalien wurden nicht in großem Umfange angeboten und meist nur von Solchen gesucht, welche anderweitig gedrängt wurden. Wurden in dem Kriegsjahre 1866 nur 119,140 fl. 24 kr. eingelegt, dagegen 162,020 fl. 44 kr. zurückgezogen, so daß

42,880 fl. 20 kr. an Kapital mehr aus der Kaffe genommen als derselben anvertraut wurden, so zeigt nachstehende Uebersicht, daß eine Wiederherstellung des alten Standes noch nicht eingetreten.

Stand Ende 1866: 2520 Einleger mit 673,217 fl. 43 kr.
Neue Einlagen 1867: 1928 „ „ 123,457 „ — „
Zinsen zum Kapital 24,267 „ 17 „

820,942 fl. — kr.
Zurückbezahlt 1866 an 1343 Einleger 131,295 „ 28 „

Bleiben Ende 1867 2571 Einleger mit 689,646 fl. 32 kr.
Neue Einlagen 1868 von 2227 Einleger mit 152,280 „ 13 „
Zinsen zum Kapital 25,685 „ 25 „

867,612 fl. 10 kr.
Zurückbezahlt 1868 an 1214 Einleger mit 118,714 „ 9 „

748,898 fl. 1 kr.
Ab Zinsen von Einlagen, welche kein ganzes Jahr gestanden 67 „ 13 „

Bleiben Ende 1868 2830 Einleger mit 748,830 fl. 48 kr.

Rechnet man hiervon denjenigen Zuwachs, welchen das Kapital durch Zuschlag von laufenden Zinsen in den Jahren 1866, 1867 und 1868 mit 73,565 fl. 16 kr. ab, so verbleiben 675,275 fl. 32 kr.

Nun belief sich der Stand Ende 1865 auf 692,480 fl. 46 kr., und es ergibt sich sonach, daß in den 3 Jahren in Summa 17,205 fl. 14 kr. weniger Kapital eingelegt als zurückgezogen wurde, und daß der Anwachs nur durch zugeschlagene Zinsen entstanden ist.

Die obigen Einlagen sind zinstragend angelegt:
in Hypotheken 346,003 fl. 14 kr.
in Steiggroffen 396,321 „ 59 „

742,325 fl. 13 kr.

Wir sehen, daß die Sparkasse ihre Capitalien mehr dazu verwendet, das in den letzten Jahren lebhafte Immobilien geschäft zu unterstützen, als daß dieselben von dem Boden-Credit in Anspruch genommen werden.

Der Reservefonds wächst beständig und er mehrt sich auf erfreuliche Weise:

Er betrug in:

| 1864 | 1865 | 1866 | 1867 | 1868 |
|------|------|------|------|------|
| 44,122 fl. | 50,425 fl. | 56,425 fl. | 58,070 fl. 9 kr. | 63,221 fl. 1 1/2 kr. |

**Vorschuß- & Credit-Verein.** Der Verein hat in den beiden schwierigen Jahren eine recht erfreuliche Thätigkeit entfaltet, die Geschäfte desselben sind in allen Zweigen gewachsen und wir können diese Thatsachen als Beweise für die Richtigkeit der Principien, welche dem Verein zu Grunde liegen, und für die Tüchtigkeit ansehen, mit welcher der Vorstand die Geschäfte leitet.

Die Anzahl der Mitglieder wuchs von 320 auf 335 bez. 346. Das Vereinsvermögen von 32,585 fl. auf 38,682 fl. bez. 40,517 fl.

„Die wohlthätigen Folgen der steten Zunahme des eigenen „Betriebsfonds sind: größere Solidität des Vereins, leichtere „Befriedigung des Creditbedürfnisses und steigende Rentabili„tät. Ganz besonders äußern sich die Vortheile aber darin, „daß das Bedürfniß der Vorschußsuchenden mehr und mehr „schon auf Grund ihrer Stammantheile befriedigt werden kann, „also persönliche Bürgschaften schon in vielen Fällen über„flüssig geworden sind."

| | 1867. | 1868. |
|---|---|---|
| Im Vorschußgeschäft wurden 623 Posten | 97,873 fl. 34., | 640 Post. 89,666 fl. 43. |
| im Conto-Corrent mit Credit | 361,547 fl. 13., | 420,592 fl. 53. |
| im Conto-Corrent ohne Credit | 126,702 fl. 10., | 130,094 fl. 5. |
| im Ganzen also im Betrage von | 586,122 fl. 57., | 640,353 fl. 41. |

Geschäfte abgeschlossen. Es ergeben sich demnach in den beiden Jahren 1867 und 1868 Steigerungen im Umsatze gegen das jeweilige Vorjahr von 275,566 fl. 39 kr. bez. 54,222 fl. 44 kr. Diese Zunahme hatte unzweifelhaft ihren Grund in der An-

fang 1867 vorgenommenen Zinsreduction, wonach der Zins-
fuß für Vorschüsse auf 6 Proc., im Conto-Corrent mit Crebit
auf 5 Proc. im Debet und 3 Proc. im Crebit normirt ist.

Im Jahre 1867 hatte der Verein den ersten größeren
Verlust im Betrage von 1376 fl., und es konnte in Folge
desselben nur 2½ Proc. Dividende gezahlt werden; im Jahre
1868 konnten dagegen, da 2817 fl. Reingewinn sich ergaben,
6 Proc. Dividende ausgeworfen werden.

Der Reservefonds stellte sich auf 2329 fl. 24 kr.

Nachstehend lassen wir die summarischen Rechenschafts-
berichte und Bilanzen folgen:

| Einnahme. | 1866. | | 1867. | | 1868. | |
|---|---|---|---|---|---|---|
| | fl. | kr. | fl. | kr. | fl. | kr. |
| Eintrittsgelder . . . . | 46 | 30 | 48 | — | 54 | — |
| Ersatz für Contobücher u. Statuten | 17 | 53 | 27 | 51 | 23 | 22 |
| Beiträge auf Stammantheile: | | | | | | |
| a) ständige . . . . } | 6,596 | 17 | 2,696 | 30 | 3,280 | 6 |
| b) unständige (Vorauszahlungen) } | | | 4,544 | 17 | 2,048 | 20 |
| Zinsen und Provisionen von Vorschüssen . . . . | 1,422 | 53 | 1,471 | 16 | 1,362 | 12 |
| Zinsen u. Provisionen von Conto-Corrent mit Credit . . | 3,224 | 24 | 3,535 | 55 | 4,553 | 2 |
| Zinsen u. Provisionen von sonstigen Anlagen . . . . | — | — | 39 | 17 | 23 | 7 |
| Disconto-Gewinn aus gekauften Wechseln . . . . | 1,008 | 45 | 700 | 34 | 864 | 12 |
| Incassoprovisionen . . . | — | — | — | — | 99 | 43 |
| Aufgenommene Darlehen: | | | | | | |
| a) von Privaten . . . | 5,921 | 35 | 13,281 | 42 | 9,724 | 16 |
| b) „ Banquiers . . . | 34,941 | 34 | 51,012 | 48 | 51,381 | 51 |
| Einzahlungen auf Conto-Corrent mit Credit . . . . | 243,522 | 51 | 337,664 | 56 | 432,369 | 5 |
| Einzahlungen auf Conto-Corrent ohne Credit . . . | 96.485 | 11 | 134,534 | 18 | 150,441 | 16 |
| Zurückbezahlte Vorschüsse . | 80,023 | 26 | 97,138 | 26 | 87,832 | 43 |
| Kasse-Vorrath aus 1866 incl. Wechseln . . . . | 7,758 | 21 | 13,986 | 19 | 16,625 | 20 |
| Summa der Einnahme | 480,969 | 40 | 660,682 | 9 | 760,682 | 35 |
| Ab die Ausgabe . . . | 466,892 | 18 | 643,995 | 34 | 731,350 | 24 |
| Bleibt Ueberschuß . . | 14,077 | 22 | 16,686 | 35 | 29,332 | 11 |

| Activa. | | | | | | |
|---|---|---|---|---|---|---|
| Vorschüsse . . . . . | 21,187 | 17 | 21,922 | 25 | 23,751 | 25 |
| Conto-Corrent-Guthaben . . | 19,524 | 7 | 43,406 | 24 | 31,630 | 12 |
| Actie der deutschen Genossenschaftsbank . . . . | 350 | — | 350 | — | 700 | — |
| Baarvorrath incl. Wechsel . | 14,077 | 22 | 16,686 | 35 | 29,332 | 11 |
| Summa . . | 55,138 | 46 | 82,365 | 24 | 85,413 | 48 |

| Ausgabe | 1866. | | 1867. | | 1868. | |
|---|---|---|---|---|---|---|
| | fl. | kr. | fl. | kr. | fl. | kr. |
| Gehalte . . . . . | 1,223 | 10 | 1,615 | 13 | 1,739 | 37 |
| Druck u. sonstige Verwaltungskosten | 335 | 28 | 214 | 23 | 227 | 37 |
| Zinsen für aufgenommene Darlehen | 309 | 39 | 382 | 15 | 444 | 14 |
| „ aus Contocorrent-Guthaben | 644 | 45 | 930 | 28 | 1,006 | 48 |
| Disconto auf verkaufte Wechsel } | 910 | 22 | 245 | 56 | 528 | 54 |
| „ „ gezogene „ | | | 239 | 50 | 222 | 52 |
| Incassoprovisionen . . . | — | — | — | — | 59 | 51 |
| Zinsenrückvergütungen . . . | 51 | 4 | 18 | 32 | 19 | 24 |
| Vorschüsse . . . . . | 81,464 | 43 | 97,873 | 34 | 89,661 | 43 |
| Zahlungen auf Contocorrent mit Credit | 229,091 | 35 | 361,547 | 13 | 420,592 | 53 |
| Zahlungen auf Contocorrent ohne Credit . . . . . | 100,290 | 40 | 126,702 | 10 | 137,288 | — |
| Zurückbezahlte Darlehen: | | | | | | |
| a) an Private . . . . | 6,123 | 30 | 9,561 | — | 9,337 | 31 |
| b) „ Banquiers . . . | 44,965 | 24 | 40,268 | 31 | 65,276 | 12 |
| Für eine Actie der deutschen Genossenschaftsbank . . . | — | — | — | — | 350 | — |
| Zurückbezahlte Stammantheile . | 1,053 | 48 | 2,740 | 33 | 4,249 | 40 |
| Zurückbezahlte, beim Abschluß pro 1865, 1866, 1867 capitalisirt gewesene Zinsen . . . | 294 | 41 | 279 | 5 | 345 | 8 |
| Uneinbringliche Posten . . . | 133 | 29 | 1,376 | 51 | — | — |
| Summa der Ausgabe | 466,892 | 18 | 643,995 | 34 | 731,350 | 24 |

| Passiva. | | | | | | |
|---|---|---|---|---|---|---|
| Stammantheile der Mitglieder | 32,585 | 46 | 38,689 | 45 | 40,517 | 2 |
| Aufgenommene Darlehen . . | 10,771 | 39 | 24,957 | 33 | 11,104 | 49 |
| Schuld auf Contocorrent ohne Credit | 8,237 | 19 | 16,069 | 27 | 29,222 | 43 |
| Reservefonds . . . . . | 1,239 | 43 | 1,637 | 16 | 1,751 | 25 |
| Reingewinn . . . . . | 2,304 | 19 | 1,011 | 23 | 2,817 | 49 |
| Summa . . | 55,138 | 46 | 82,365 | 24 | 85,413 | 48 |

Verzeichniß der bei dem Hauptzollamte Worms verzollten oder zollfrei abgefertigten wichtigeren Gegenstände.

| | 1867. | | 1868. | |
|---|---|---|---|---|
| | Ctr. | Pfd. | Ctr. | Pfd. |
| Zollverkehr. Thierische Abfälle | 32 | — | 5 | — |
| Blut von geschlachtetem Vieh | 202 | — | — | — |
| Lumpen, Halbzeug | 44 | — | 78 | — |
| Baumwollengarn | 474 | 68 | 216 | 99 |
| Baumwollenwaaren | 1 | 98 | 2 | 99 |
| Droguerie-, Apotheker- u. Farbwaaren | 663 | 23 | 322 | 31 |
| Eisen, Eisen- und Stahlwaaren | 61 | 23 | 140 | 99 |
| Farbenerden | 22 | — | — | — |
| Getreide und andere Erzeugnisse des Landbaues (Kleesaat) | — | — | 511 | — |
| Glas- und Glaswaaren | 9 | 63 | 20 | 43 |
| Häute und Felle | 13 | — | 74 | — |
| Holz und Holzwaaren | 19 | 29 | 37 | 4 |
| Fourniere | 71 | — | 104 | — |
| Instrumente, Musik | — | 71 | 6 | 21 |
|  „  astronomische, chirurgische, optische | 1 | — | — | — |
| Maschinen | 47 | 84 | 56 | 48 |
| Kleider und Leibwäsche, fertige, auch Putzwaaren | 2 | 30 | 3 | 26 |
| Kupfer- und Messingwaaren | 7 | 93 | 5 | 8 |
| Kurze Waaren per pos. 20 | 1 | 51 | 2 | 30 |
| Leder | 207 | 81 | 127 | 58 |
| Lederwaaren | 4 | — | 6 | 99 |
| Rohes Leinengarn, Maschinengespinnst | 92 | 54 | 73 | 21 |
| Gefärbtes Leinengarn | 7 | 2 | 4 | 77 |
| Leinenzwirn | 120 | 76 | 144 | 38 |
| Graue Packleinwand u. roher Zwillch | 39 | — | 325 | 75 |
| Stearinlichter | 6 | 6 | 5 | 32 |
| Bier | 6 | 32 | 5 | 70 |
| Branntwein | 15 | 33 | 7 | 13 |
| Wein in Fässern | 153 | 97 | 205 | 28 |
| Wein in Flaschen | 49 | 60 | 17 | 17 |
| Frische und getrocknete Südfrüchte | 29 | 97 | 41 | 92 |
| Gewürze | 24 | 25 | 23 | 83 |
| Häringe | 27¼ Tonn. | | 29½ Tonn. | |
| Roher Kaffee | 2312 | 10 | 2234 | 63 |
| Käse | 30 | 37 | 44 | 51 |

| | | | | |
|---|---|---|---|---|
| Fische . . . . . | 1 | — | 7 | — |
| Getrocknetes Obst . . . . | 3 | — | — | — |
| Geschälter Reis . . . . | 616 | 16 | 646 | 6 |
| Syrup . . . . . | 1267 | 94 | 1177 | 62 |
| Unbearbeitete Tabaksblätter . . | 2987 | 50 | 2243 | 94 |
| Rauchtabak in Rollen oder geschnitten | 29 | 45 | — | — |
| Cigarren . . . . . | 9 | 23 | 10 | 35 |
| Oel aller Art in Flaschen . . | 3 | 65 | 5 | 85 |
| Baumöl zum Fabrikgebrauch . . | 1470 | — | 907 | — |
| Leinöl in Fässern . . . . | 2581 | — | 4676 | — |
| Anderes in Fässern . . . | 8163 | — | 7703 | — |
| Fischthran . . . . . | 410 | — | 703 | — |
| Talg . . . . . . | 270 | — | — | — |
| Andere Thierfette . . . . | 109 | — | 102 | — |
| Papiertapeten . . . . | — | — | 9 | 45 |
| Buchbinderarbeiten . . . | 5 | 93 | 18 | 31 |
| Seidenwaaren . . . . | 5 | 91 | 4 | — |
| Behauene Steine . . . | 12 | — | 11 | — |
| Waaren aus Steinen außer Verbindung mit andern Materialien | 28 | — | 9 | — |
| Harz . . . . . . | 164 | — | — | — |
| Petroleum . . . . . | — | — | 36 | — |
| Theer- und Mineralöle . . . | — | — | 40 | — |
| Thonwaaren . . . . | 16 | — | 15 | 5 |
| Wolle . . . . . | 19 | — | 239 | — |
| Wollengarn . . . . | 34 | 23 | 38 | 61 |
| Wollenwaaren . . . . | 159 | 49 | 268 | 28 |

Nicht ohne Interesse wird folgende, das Wachsthum des Wormser Handels bezeugende Zusammenstellung der Einnahmen des hiesigen Zollamtes sein.

Dieselben betrugen in den Jahren 1839—1849 im Durchschnitt per Jahr 13,001 fl., in der Periode 1849—1859: 23,445 fl. und von nun an in den einzelnen Jahren: 1859: 26,106 fl.; 1860: 33,779 fl.; 1861: 37,438 fl.; 1862: 44,514 fl.; 1863: 46,763 fl.; 1864: 53,544 fl.; 1865: 59,449 fl.; 1866; 51,582 fl.; 1867: 69,308 fl.; 1868: 65,694 fl., so daß sich trotz mehrfacher bedeutender Herabsetzung der Zölle die Zolleinnahme von Worms in den letzten 30 Jahren mehr wie verfünffacht hat.

## Zusammenstellung des Güterverkehrs auf der hess. Ludwigsbahn

**Bahn-verkehr.**

### von und nach der Station Worms in den Jahren:

| Benennung der Verkehre | 1867. | | | 1868. | | |
|---|---|---|---|---|---|---|
| | Abgang. | Ankunft. | Zusammen. | Angang. | Ankunft. | Zusammen. |
| | Ctr. | Ctr. | Ctr. | Ctr. | Ctr. | Ctr. |
| 1) Local = Verkehr: | | | | | | |
| a. in der Richtung nach Alzey | 210,430 | 45,584 | 256,014 | 134,355 | 27,977 | 162,332 |
| b. in der Richtung nach Mainz | 111,660 | 110,368 | 222,028 | 113,050 | 150,575 | 263,625 |
| 2) Directer Verkehr mit: | | | | | | |
| 2) den Pfälzischen Bahnen . | 67,456 | 79,643 | 147,099 | 68,070 | 88,303 | 156,373 |
| 3) der Französischen Ostbahn via Weißenburg . | 22,062 | 6,834 | 28,896 | 7,050 | 5,728 | 12,778 |
| 4) der Badisch. u. Württembergischen Bahn (Rhein-Verband) . | 33,546 | 142,286 | 175,832 | 33,750 | 160,684 | 194,424 |
| 5) der Rheinischen Bahn . | 28,947 | 26,987 | 55,934 | 35,627 | 19,493 | 55,120 |
| 6) der Rhein = Nahebahn . | 3,832 | 8,753 | 12,585 | 4,584 | 15,087 | 19,671 |
| 7) der Königl. Bayerischen Staatsbahn nördl. | 4,832 | 7,406 | 12,238 | 4,529 | 3,826 | 8,255 |
| 8) den Stationen des westdeutschen Verbandes . | 7,438 | 9,424 | 16,862 | 7,177 | 13,942 | 21,119 |
| 9) den Stationen des mittelbeutschen Verbandes . | 5,240 | 8,747 | 13,987 | 5,521 | 8,805 | 14,326 |
| 10) der Station Hanau . | 2,557 | 326 | 2,883 | 706 | 485 | 1,191 |
| 11) der Station Berlin . | 3,176 | 281 | 3,457 | 3,952 | 22 | 3,974 |
| 12) Sachsen . | 1,707 | 2,730 | 3,437 | 1,807 | 2,572 | 4,379 |
| 13) den Pfälzischen Bahnen und der Rhein-Nahebahn . | 11,038 | 223,100 | 234,138 | 15,784 | 179,368 | 195,153 |
| 14) den schlesisch = sächsisch = mittelbeutschen Stationen | 636 | 621 | 1,257 | 1,373 | 565 | 1,938 |
| 15) Schlesien . | 309 | 9 | 318 | 81 | 726 | 807 |
| 16) der Main = Neckarbahn, Mannheim u. Offenbach | 2,543 | 2,344 | 4,887 | 3,215 | 2,275 | 5,490 |
| 17) der Königl. priv. Bayerischen Ostbahn . | 453 | 2,032 | 2,485 | 380 | 3,633 | 4,013 |
| 18) der Köln=Mindener Bahn | — | 16,600 | 16,600 | — | 15,400 | 15,400 |
| 19) der Böhmischen Westbahn | 178 | 2,662 | 2,840 | 122 | 2,107 | 2,139 |
| 20) der Königl. Bayerischen Staatsbahn südb. und Oesterreich . | 2,206 | 13,525 | 16,031 | 3,022 | 11,723 | 14,745 |
| 21) der Station Basel . | 685 | — | 685 | 359 | 11,723 | 359 |
| 22) der Bergisch=Märk. Bahn | — | 16,800 | 16,800 | | 18,600 | 18,600 |
| 23) der Französischen Nordbahn . | 137 | 131 | 268 | 1,024 | 103 | 1,127 |
| 24) Belgien . | 6,932 | 6,166 | 13,098 | 13,217 | 5,413 | 18.630 |
| 25) der Französischen Ostbahn via Forbach . | 4,230 | 12,959 | 17,189 | 4,329 | 5,236 | 9,565 |
| 26) Nymwegen . | 8 | 125 | 133 | 3 | 103 | 106 |
| 27) Amsterdam u. Rotterdam | 798 | 6,397 | 7,195 | 2,031 | 5,884 | 7,915 |
| 28) der Tyroler Bahn . | — | — | — | 46 | 2 | 48 |
| Summa . | 533,036 | 753,140 | 1,286,176 | 465,064 | 748,547 | 1,213,611 |

Der Verkehr betrug in:

Abgang. Ankunft. Zusammen.

1864: 327,700. 704,686. 1,032,386.
1865: 419,012. 852,133. 1,271,145, also mehr wie 1864: 91,312. 147,447. 238,759.
1866: 482,595. 643,537. 1,126,132, „ „ „ 1865: 63,583. — —
„ weniger „ 1865: — 208,596. 145,013.
1867: 533,036. 753,140. 1,286,176, „ mehr „ 1866: 50,414. 109,603. 160,044.
1868: 465,064. 748,547. 1,213,611, „ weniger „ 1867: 67,972. 4,593. 72,565.

Im Jahre 1867 wurden von Worms noch per Fuhren nach Bensheim ver=
bracht und von dort durch die Main=Neckarbahn versendet: 1177,₆ Ctr., im Jahre
1868 3027,₆ Ctr., während die Main=Neckarbahn 1867 in Bensheim für Worms
3 Ctr. abfertigte.

## Zusammenstellung des Personenverkehrs von und nach der Station Worms:

| | 1866. | | | 1867. | | | 1868. | | |
|---|---|---|---|---|---|---|---|---|---|
| | Abgang. | Ankunft. | Zusammen. | Abgang. | Ankunft. | Zusammen. | Abgang. | Ankunft. | Zusammen. |
| **1) Local-Verkehr:** | | | | | | | | | |
| a) in der Richtung nach Alzey | 36,134 | 53,599 | 89,733 | 44,612 | 71,696 | 116,308 | 50,170 | 96,818 | 146,925 |
| b) „ „ „ „ Mainz | 72,494 | 106,355 | 178,849 | 66,787 | 102,302 | 169,089 | 72,512 | 147,946 | 220,458 |
| **2) Directer Verkehr mit:** | | | | | | | | | |
| ben Pfälzischen Bahnen | 58,570 | 54,788 | 113,358 | 62,901 | 60,765 | 123,666 | 65,459 | 92,812 | 158,271 |
| 3) „ der Französischen Ostbahn | 165 | 100 | 265 | 150 | 78 | 228 | 222 | 145 | 367 |
| 4) „ Badischen Bahn | 468 | 371 | 839 | 2,573 | 1,961 | 4,534 | 10,596 | 9,867 | 20,463 |
| 5) „ Rheinischen Bahn | 916 | 308 | 1,224 | 954 | 415 | 1,369 | 929 | 699 | 1,628 |
| 6) „ Wein-Nahe-Bahn | 219 | 93 | 312 | 268 | 181 | 449 | 256 | 237 | 493 |
| 7) „ Taunus-Bahn | 180 | 168 | 348 | 262 | 276 | 538 | 426 | 452 | 878 |
| 8) „ königl. Bayer. Staatsbahn | 23 | 64 | 87 | 29 | 47 | 76 | 43 | 53 | 96 |
| 9) „ Offenbacher Bahn | 55 | 81 | 136 | 59 | 99 | 158 | 65 | 124 | 189 |
| 10) ben Stationen des westdeutschen Verbands | 116 | 96 | 212 | 122 | 130 | 252 | 134 | 190 | 324 |
| 11) „ mittelbeutschen „ | 9 | 20 | 29 | 20 | 31 | 51 | 35 | 52 | 87 |
| 12) „ der Homburger Bahn | 9 | 4 | 13 | 8 | 13 | 21 | 4 | 52 | 56 |
| 13) „ der Hanauer Bahn | 2 | 6 | 8 | 9 | 5 | 14 | 34 | 3 | 37 |
| Summa | 169,260 | 216,053 | 385,413 | 178,754 | 237,909 | 416,753 | 200,822 | 349,450 | 550,272 |

Hiernach stellt sich der Personenverkehr im hiesigen Bahnhof:

1865 höher als 1864 um 17,262 Personen.
1866 „ „ 1865 „ 107,984 „
1867 „ „ 1866 „ 31,340 „
1868 „ „ 1867 „ 133,519 „

# Bei dem Postamt Worms sind angekommen:

## 1. Briefpost-Gegenstände für die Stadt Worms bestimmt:

### Angekommene Briefe.

| | 1866. | 1867. | 1868. |
|---|---|---|---|
| 1) Gewöhnliche frankirte Briefe | 160,024 | 204,490 | 249,534 |
| 2) „ unfrankirte „ | 44,659 | 67,483 | 7,596 |
| 3) Recommandirte „ | 3,492 | 5,785 | 4,446 |
| 4) Portofreie „ | 31,215 | 33,969 | 33,408 |
| 5) Mustersendungen | 1,114 | 4,602 | 3,204 |
| 6) Kreuzbandsendungen | 39,177 | 62,517 | 33,444 |

An Zeitungen kamen an in Worms in 1867: 232,122 Exemplare.
„ 1868: 244,932 „

## 2. Fahrpost-Gegenstände für die Stadt Worms bestimmt:

### Aus dem inneren Postgebiet.

| | Ordinäre Pakete | | Geld- und Werth-sendungen | | Gesammt-Geld-werth | Nachnahmesendungen | | Baare Einzahlungen | |
|---|---|---|---|---|---|---|---|---|---|
| | Stück | Pfund | Stück | Pfund | fl. | Stück | Betrag fl. | Stück | Betrag fl. |
| **a. Portopflichtig:** | | | | | | | | | |
| 1866 | 18,405 | 9,118 | 16,216 | 8,661 | 182,044 | 2,222 | 811 | 2,111 | 3,713 |
| 1867 | 25,935 | 166,257 | 22,282 | 25,558 | 4,139,044 | 4,836 | 20,722 | 2,548 | 59,054 |
| 1868 | 20,934 | 116,820 | 17,046 | 13,464 | 4,501,854 | 3,312 | 11,907 | 3,078 | 87,034 |
| **b. Portofrei:** | | | | | | | | | |
| 1866 | 1,238 | 861 | 143 | 77 | 284 | — | — | — | — |
| 1867 | 1,287 | 8,905 | 91 | 1,157 | 10,322 | — | — | — | — |
| 1868 | 774 | 4,878 | 522 | 198 | 104,958 | 216 | 12,316 | — | — |

Durch die Telegraphenstation Worms wurden befördert:

Aufgegebene Depeschen: 1867: 6190; 1868: 7453.

Angekommene   „      „  6812;    „   8292.

1867: 13002; 1868: 15745

Es sind also in dem letzten Jahre täglich circa 20 Depeschen von Worms abgegangen und 22 Depeschen daselbst angekommen.

## Uebersicht des Güterverkehrs im Rheinhafen zu Worms.

Im Rheinhafen kamen und gingen ab:

| | | |
|---|---|---|
| 1866 | . . . | 306 Schiffe. |
| 1867 | . . . | 247 „ |
| 1868 | . . . | 316 „ |

Die angekommenen Güter bestanden in:

| | 1866. Ctr. | 1867. Ctr. | 1868. Ctr. |
|---|---|---|---|
| verschiedenen, nicht benannten Gütern | 20,423 | 20,396 | 25,433 |
| Kohlen . . . . . | 390,771 | 403,035 | 456,923 |
| Waizen . . . . . | 596 | 2368 | — |
| Korn . . . . . | 2613 | 5065 | — |
| Spelz . . . . . | 1360 | — | — |
| Gerste . . . . . | — | 200 | — |
| Hafer . . . . . | 1249 | — | — |
| Reps . . . . . | — | 200 | — |
| Wein in Fässern . . . | 188 | — | — |
| Branntwein, Bier und Essig . | 1 | — | — |
| Zusammen . | 417,201 | 431,264 | 482,356 |

| | Stck | Ohm | Stck | Ohm | Stck | Ohm |
|---|---|---|---|---|---|---|
| Außerdem Mühlsteine . | 13 | — | 5 | — | 20 | — |
| Wein . . . | — | — | 32 | 5 1/2 | 1/2 | 17 3/4 |
| Branntwein . . | — | — | — | 1/4 | — | 1/4 |
| Rum . . . | — | — | — | 1/4 | — | — |

Die abgegangenen Güter bestanden in:

| | | | |
|---|---|---|---|
| verschiedenen, nicht benannten Gütern | 32,832 | 31,422 | 59,492 |
| Waizen . . . . . | 2054 | 134 | 1192 |
| Korn . . . . . | 1237 | 3500 | 6511 |
| Gerste . . . . | 145,322 | 117,736 | 195,560 |
| Reps . . . . . | — | 3343 | 374 |
| Bohnen, Linsen und Wicken . | — | 20 | 293 |
| Mehl . . . . . | 1399 | 1132 | 8558 |
| Kartoffeln . . . . | — | 19,074 | 26,598 |
| Wein in Fässern . . . | 8579 | — | — |
| Branntwein, Bier und Essig . | 355 | — | — |
| Zusammen . | 191,778 | 176,362 | 298,578 |

| | Std. | Ohm | Std. | Ohm | Std. | Ohm |
|---|---|---|---|---|---|---|
| Außerdem Mühlsteine . | 10 | — | 5 | — | 10 | — |
| Wein . . . . | — | — | 158 | $2\frac{3}{4}$ | 6 | $1139\frac{1}{4}$ |
| Branntwein . . . | — | — | 1 | $2\frac{1}{3}$ | | 2 |
| Bier . . . . | — | — | — | $\frac{1}{2}$ | | — |
| Essig : . . . | — | — | 7 | $5\frac{1}{4}$ | | $86\frac{3}{4}$ |

Die Summe der Zu- und Ab-
fuhr stellt sich demnach auf . 608,979 607,626 780,934

In 1867. In 1868.

| Die Vermittlung geschah bei der | Zufuhr. | Abfuhr. | Zufuhr. | Abfuhr. |
|---|---|---|---|---|
| | Ctr. | Ctr. | Ctr. | Ctr. |
| Durch Dampfschiffe | 18,106 | 30,412 | 15,779 | 62,459 |
| Durch Segelschiffe . . | 413,158 | 145,950 | 466,577 | 236,119 |
| | 431,264 | 176,362 | 482,356 | 298,578 |
| | 607,626 Ctr. | | 780,934 Ctr. | |

Die Ab- und Zufuhr von Kartoffeln ist in den Hafen-
registern nicht notirt.

An den vorstehenden Zahlen sind die Agenturen der Cöln-
Düsseldorfer und der Niederländer Dampfschiffsrhederei folgen-
dermaßen betheiligt:

Versandte Güter 1867: 30916 Ctr.; 1868: 35969 Ctr.
Angekommene „ „ 16374 „ „ 17328 „
Passagiere „ 7687; „ 7789.

### Verkehr auf der Schiffbrücke zu Worms.

Verkehr auf
der Schiff-
brücke.

| | | 1867: | 1868: |
|---|---|---|---|
| Personen | . | 238,357; | 275,563. |
| Pferde | „ | 34,768; | 36,174. |
| Ochsen | „ | 252; | 241. |
| Kühe, Rinder u. s. w. | „ | 1,952; | 1,629. |
| Kälber, Schweine u. s w. | „ | 5,827; | 6,064. |
| Leichtes Fuhrwerk | „ | 4,698; | 3,931. |
| Frachtfuhrwerk, zweispännig | „ | 119; | 162. |
| „ vierspännig | „ | 19,947; | 20,548. |
| | | Ctr. | Ctr. |
| Ladung à 10 Ctr. | „ | 70,300; | 81,260. |

Betrag des erhobenen Brückengeldes in 1867: fl. 14,806. 32 kr,
„ 1868: fl. 16,520 59 kr.

Schulen.

Die Tüchtigkeit des Handels und der Gewerbe wird wesentlich bedingt durch den Grad der Bildung, welchen sich der Kaufmann und der Gewerbtreibende erworben. Wir haben in Anerkennung dieser Wahrheit zu öfteren Malen unsere Ansicht dahin ausgesprochen, daß nur eine gründliche allgemeine Bildung den Mann befähige, in seinem besonderen Felde eine ersprießliche Thätigkeit zu entfalten, und daß eine sog. Fachbildung ohne diese Grundlage wohl in einzelnen Fällen tüchtige Kräfte schaffen könne, im Ganzen aber als unzureichend erkannt werden müsse. Wir befanden uns hier in Uebereinstimmung mit gewichtigen Stimmen, und wir freuen uns, daß diese Ansicht sich immer mehr Bahn bricht.

Die große Menge ist jedoch schwer von einem Nutzen, der sich nicht in Heller und Kreuzer ausrechnen läßt, zu überzeugen; die überwiegende Mehrzahl der zukünftigen Geschäftsleute verließ mit dem vierzehnten Jahre die Schule, und eignete sich in der Praxis diejenigen Fertigkeiten an, welche unter dem hochtönenden Namen der kaufmännischen Bildung verstanden wird; eine Minderzahl besuchte noch kaufmännische Schulen oder Academien, um sich da neben einem kleinen Theile allgemeiner Bildung eine große Menge von „Fachwissenschaften" zu erwerben. Wie es mit diesen „Fachwissenschaften" bestellt ist, ergibt sich daraus, daß der Schüler einen großen Theil seiner

Zeit und seiner Kraft auf „kaufmännische Correspondenz", „Buchhaltung" und andere Gegenstände verwenden muß, bei welchen die Form, ja die inhaltlose Form, die Hauptsache ist, und daß ihm kaum Zeit bleibt, sich mit denjenigen Fächern, welchen ein bildender Werth nicht zu bestreiten ist, zu befassen.

War auf dem Wege der Selbsterkenntniß nur eine langsame Besserung zu hoffen, so kam bei uns der kategorische Imperativ plötzlich von außen und zwar mit einer gewissen Ironie gerade von einer Seite her, von welcher man es am wenigsten erwartet hätte. Der Militarismus fordert von jedem jungen Manne, der nicht 3 Jahre in einer Caserne zubringen will, eine höhere allgemeine Bildung, und alle, welche die Mittel haben, ein Jahr als Freiwilliger zu dienen, sind nun gezwungen, einige Jahre länger eine höhere Schule zu besuchen, als es sonst der Fall gewesen wäre.

Handelsschulen, welche sich das Recht der Entlassung zum Einjährigen-Freiwilligen-Dienst erwerben wollten, sahen sich genöthigt, ihren Plan zu verändern und den bildenden Fächern mehr Raum zu gönnen.

Unsere hiesige höhere Lehranstalt, Gymnasium und Realschule, deren Reorganisation lange Gegenstand der Verhandlung war, wurde nun erweitert, um dem gesteigerten Bedürfnisse zu genügen, und hat eine Vermehrung der Schülerzahl aufzuweisen, über welche wir uns nur freuen können.

Die landwirthschaftliche Lehranstalt dahier hat sich in ihrer Frequenz noch gesteigert und ist besonders von Landwirthen unseres Bezirks zur Ausbildung ihrer Söhne benutzt worden.

Auch die hiesige Brauerschule hat an Frequenz zugenommen, und wurde das Lokal durch einen Neubau vergrößert.

Die von dem Gewerbvereine unterhaltene Sonntagsschule für Handwerker wurde namentlich von auswärtigen Schülern fleißig besucht, während die Betheiligung von Einheimischen schwach blieb. Die Abendschule hatte sich der gleichen Frequenz wie früher zu erfreuen.

Eine Mädchen-Fortbildungsschule ist hier durch den Gewerbverein gegründet worden. Sie bezweckt, Mädchen, welche die Schule verlassen haben, weitere Ausbildung in denjenigen Fächern zu geben, welche im Hause wie im Geschäfte, zu verwerthen sind, und erstreckt demgemäß ihren Unterricht auf deutsche Sprache, Rechnen, Buchhaltung u. s. w. Die Schule wurde von 30—40 hiesigen Bürgerstöchtern besucht, und zeigte an den jeweiligen Jahresschlüssen schöne Resultate.

Handels-<br>gericht.

An dem Handelsgerichte Alzey waren im Jahre 1867: 782, und im Jahre 1868: 764 Processe anhängig, und fanden alle diese Rechtsstreite ihre Erledigung.

Fallimente wurden anhängig: 5, ausgesprochen 4.

Firmenerklärungen fanden 70 statt.

Worms, November 1869.

## Großherzoglich Hessische Handelskammer.

Leonhard Heyl, Commercienrath, Präsident.  F. Betz.
J. B. Dörr.  C. Mielcke.  S. A. Michaelis.  C. Pfeiffer.
F. Baldenberg.

Dr. Marx.

# Inhaltsverzeichniß.

www.ingramcontent.com/pod-product-compliance
Lightning Source LLC
Chambersburg PA
CBHW021636270326
41931CB00008B/1046